1789-1889

CE QUI SE PASSAIT EN FRANCE

AVANT 1789

LEX-LUX

Par A. DELPECH

Prix : 0 fr. 60

TOULOUSE
IMPRIMERIE G. BERTHOUMIEU
6, RUE DU CONSERVATOIRE, 6

1889

En vente chez GADRAT, libraire
FOIX

1789-1889

CE QUI SE PASSAIT EN FRANCE

AVANT 1789

LEX-LUX

Par A. DELPECH

Prix : 0 fr. 60

TOULOUSE

IMPRIMERIE G. BERTHOUMIEU

6, RUE DU CONSERVATOIRE, 6

1889

En vente chez GADRAT, libraire

FOIX

1789-1889

Aux Paysans et aux Ouvriers de France !

Paysans et ouvriers de France, c'est pour vous que j'écris ce petit volume. La 3ᵉ République française se prépare à célébrer, cette année, le Centenaire de la Révolution. Les descendants des anciens privilégiés de la noblesse et de la bourgeoisie aristocratique, ne pouvant se résoudre à faire abandon de leurs rancunes et de leurs espérances égoïstes, persistent à attaquer l'œuvre de la Révolution, en exagérant ses fautes, en travestissant les faits historiques, en niant ses résultats heureux.

D'un côté, ils s'appuient sur un clergé encore fanatique, qui regrette le rôle trop prépondérant donné par la royauté à l'Eglise catholique.

D'un autre côté, ils sont soutenus par quelques bourgeois imbéciles et ingrats, qui redoutent, pour leur bien-être, les effets des revendications sociales des ouvriers contemporains. Ces descendants ramollis des bourgeois du xviiiᵉ siècle font cause commune avec les restes d'une aristocratie qui dédaignait et méprisait leurs pères.

Ils doivent leur bien-être actuel et leur dignité de citoyens à la Révolution. Leur patrimoine a été taillé dans les biens nationaux. Le retour d'une monarchie quelconque les ramènerait brutalement à la condition subalterne de leurs pères. La peur déraisonnée du progrès leur fait oublier leur propre dignité et les aveugle sur leurs véritables intérêts.

Puisque les journaux, les livres et les brochures de la réaction travaillent à tromper les masses et à dénaturer les effets de la Révolution de 1789, il est utile de décrire en quelques pages, sous une forme simple et précise, l'état social de la France avant 1789. En le comparant à l'état moderne, le lecteur jugera sainement des progrès dus à la Révolution et il saura ce qu'il a à faire, quand le moment viendra de les défendre.

Comment on vivait dans les Campagnes avant 1789.

Le duc de Saint-Simon écrivait en 1725 : « Tandis que le roi, les princes et les grands seigneurs vivent au milieu des profusions, on vit, en Normandie, d'herbes des champs. Le premier roi de l'Europe ne peut être un grand roi s'il ne l'est que de gueux de toutes conditions et si son royaume ne tourne en un vaste hôpital de mourants à qui on prend tout en pleine paix. »

Massillon, évêque de Clermont-Ferrand, écrivait au ministre de Louis XV, Fleury, les lignes suivantes, en 1740 : « Le peuple de nos campagnes vit dans une misère affreuse, sans lits, sans meubles; la plupart même, la moitié de l'année, manquent de pain d'orge et d'avoine qui fait leur unique nourriture et qu'ils sont obligés d'arracher de leur bouche et de celle de leurs enfants pour payer les impositions. J'ai la douleur, chaque année, de voir ce triste spectacle devant mes yeux, dans mes visites. C'est à ce point, que les nègres de nos îles sont infiniment plus heureux, car, en travaillant, ils sont nourris et habillés, avec leurs femmes et leurs enfants; au lieu que nos paysans, les plus laborieux du royaume, ne peuvent, avec le travail le plus dur et le plus opiniâtre, avoir du pain pour eux et pour leur famille et payer les impôts. »

Le marquis d'Argenson, qui fut ministre des affaires étrangères sous Louis XV, a été des premiers à appeler l'attention du gouvernement sur l'état misérable des campagnes. Les courtisans, s'amusant de sa bonté, l'appelaient d'Argenson la Bête. Voici quelques extraits de son livre *Considérations sur le gouvernement de la France* : « Un intendant m'écrit (1740) que la misère augmente d'heure en heure... Dans chaque ville, on oblige chaque bourgeois à nourrir un ou deux pauvres et à lui donner quatorze livres de pain par semaine. Dans la seule ville de Châtellerault, qui est de 4,000 habitants, il y avait 1,800 pauvres, cet hiver, sur ce pied-là. La quantité de pauvres surpasse celle des gens qui peuvent vivre sans mendier, et les recouvrements d'impôt se font avec une rigueur sans exemple : on enlève les habits des pauvres, leurs derniers boisseaux de froment, les loquets des portes, etc. Il n'y a plus de pain à Paris, sinon des farines gâtées. On travaille jour et nuit, à Belleville, aux moulins, à remoudre les vieilles farines gâtées. Le peuple est tout prêt à la révolte; le pain augmente tous les jours... »

Il écrit en 1749 : « Dans une campagne, à dix lieues

de Paris, je retrouve le spectacle de la misère ; qu'est-ce donc dans nos misérables provinces de l'intérieur du royaume ?... Mon curé m'a dit que huit familles, qui vivaient de leur travail avant mon départ, mendient aujourd'hui leur pain. On ne trouve point à travailler. Avec cela, on lève la taille avec une rigueur plus que militaire. Les collecteurs, avec les huissiers, suivis de serruriers, ouvrent les portes, enlèvent les meubles et vendent tout pour le quart de ce qu'il vaut, et les frais surpassent la taille... Je me trouve, en ce moment, en Touraine, dans mes terres ; je n'y vois qu'une misère effroyable ; ce n'est plus le sentiment triste de la misère, c'est le désespoir qui possède les pauvres habitants ; ils ne souhaitent que la mort et évitent de peupler. On compte que, par an, LE QUART DES JOURNÉES DE JOURNALIER VA AUX CORVÉES où il faut qu'ils se nourrissent, et de quoi ?... Je vois les gens y périr de misère... On ne voit que villages ruinés ou abattus. Il y a quantités de villages où tout le monde abandonne le pays. Ce qui va toujours son train, ce sont les contraintes. Les receveurs des tailles et du fisc font, chaque année, des frais pour la moitié en sus des impositions... Un élu est venu dans le village où est ma maison de campagne, et a dit que cette paroisse devait être fort augmentée à la taille de cette année, qu'il y avait remarqué des paysans plus gras qu'ailleurs. — Voilà ce qui décourage le paysan, voilà ce qui cause le malheur du royaume. »

Quand les paysans désespérés se soulevaient, ils étaient impitoyablement massacrés. En 1675, les impôts déjà très lourds, ayant été augmentés par la volonté de Louis XIV, dans la province de Bretagne, les paysans se soulevèrent et voici comment on les traita. Mme de Sévigné nous donne des détails terribles dans une lettre odieusement plaisante : « Nos pauvres Bretons s'attroupent quarante, cinquante par les champs, et dès qu'ils voient les soldats, ils se jettent à terre et disent : *mea culpa*. On ne laisse pas de les pendre; ils demandent à boire et qu'on les dépêche... Il y a 15,000 hommes à Rennes, dont plus de la moitié y passeront l'hiver; ce sera assez pour faire des petits. On croit qu'il y aura bien de la penderie... On a pris *au hasard* 25 ou 30 hommes que l'on va pendre... Tous les villages contribuent pour nourrir les troupes, et l'on sauve son pain en sauvant ses denrées; autrefois, on les vendait et on avait de l'argent, mais ce n'est plus la mode; tout cela est changé... Nous ne sommes plus si *roués;* un en huit jours *seulement pour entretenir la justice*. Il est vrai que la penderie me paraît maintenant un rafraîchissement. »

Le malheureux condamné au supplice de la *roue* était attaché, les jambes écartées et les bras étendus, sur deux morceaux de bois en croix; on lui brisait, à coups de barre de fer, les bras, les jambes et la poitrine, puis on le plaçait, les bras et les jambes ramenées derrière le dos, la face tournée vers le ciel, sur une roue de charrette et il expirait en cet état.

« Il est arrivé 10,000 hommes dans la province, dit encore Mme de Sévigné, sur lesquels le gouverneur n'a aucun pouvoir. Ils vont chez les paysans, les volent et les dépouillent... ILS MIRENT L'AUTRE JOUR UN PETIT ENFANT A LA BROCHE..... Nous avons trouvé deux grands vilains pendus à des arbres sur le grand chemin; nous n'avons pas compris pourquoi des pendus par le bel air des chemins; il me semble que ce sont des roués; nous avons été occupés à deviner cette nouveauté. (Être pendu après avoir été roué, était une nouveauté fort intéressante, en effet). Ils faisaient fort vilaine mine. »

Voilà en quels termes la marquise de Sévigné raconte ces épouvantables misères. Pour cette aristocratie, il n'y avait pas de différence entre un paysan et un chien. Elle raconte gaiement leurs calamités, et la ruine d'un vilain pendu lui paraît réjouissante.

« M. de Rohan n'osait, dans la tristesse où est cette province, donner le moindre plaisir; mais M. l'Évêque de Saint-Malo, linotte mitrée, âgé de 60 ans, a commencé; vous croyez que ce sont les prières de 40 heures, c'est le bal *à toutes les dames* et un grand souper; ça été un scandale public. M. de Rohan, *honteux,* a continué, et c'est ainsi que nous chantons en mourant.»

Lis et réfléchis et compare les temps, paysan de France !

La même marquise de Sévigné regrettait que les femmes du peuple pussent être amantes et mères aussi bien qu'elle : « L'amour est quelquefois bien inutile de s'amuser à de si sottes gens; je voudrais qu'il ne fût que pour des gens choisis, aussi bien que tous ses effets qui me paraissent trop communs et trop répandus. » Et ailleurs : « La femme de Beaulieu n'est point encore accouchée; *ces créatures-là* ne comptent point juste. »

Elle est étonnée de trouver chez les paysans des âmes droites, des gens qui *aiment naturellement la vertu comme les chevaux trottent.*

On conserve aux archives de Rodez un monument historique d'une inestimable valeur parce qu'il donne des renseignements d'une précision saisissante sur la vie des paysans dans les campagnes à la fin du XVIIIe siècle.

En 1771, Champion de Cicé, évêque du diocèse de

Rodez, voulut être renseigné sur l'état de ses diocésains; il envoya à tous les curés de son ressort un questionnaire dans lequel il demandait :

1° Quels sont les moyens pour envoyer lettres et paquets de Rodez ?

2° Quel est l'état du presbytère ?

3° Population de la commune ?

4° Quels sont les droits seigneuriaux ?

5° Y a-t-il un hôpital ?

6° Y a-t-il des fonds destinés au soulagement des pauvres ?

7° Y a-t-il un maître ou une maîtresse d'école ? Quels sont leurs honoraires ?

8° Y a-t-il un chirurgien dans la paroisse ?

9° Y a-t-il une sage-femme ?

10° Combien de pauvres dans la paroisse ?

11° Y a-t-il des terres en friches ?

12° M. le curé estime-t-il que la récolte d'une année commune soit suffisante pour nourrir les paroissiens d'une saison à l'autre ?

13° Y a-t-il des métiers dans la paroisse ?

14° La filature de la laine et du coton y est-elle introduite ?

15° Y a-t-il quelque espèce de commerce ?

16° L'église est-elle en bon état et suffisamment pourvue d'ornements et vases sacrés ?

Les réponses des curés, au nombre de 500 et quelques, forment un gros volume de plus de 3,000 pages, qui sont une mine presque inexplorée de renseignements précieux.

Nous tenons d'un ami de la liberté quelques notes prises au hasard.

Le colporteur marchand de fil, d'aiguilles et de boutons était l'unique messager des campagnes. C'était l'unique facteur, la gazette ambulante de ces temps misérables.

Les grandes villes seules avaient un service de poste.

Il fallait un mois pour qu'une lettre arrivât de Toulouse à Paris et le port coûtait de 20 à 30 sols.

Le port des lettres se fait par commodités et marchands de fil qui viennent tous les samedis, dit le curé d'Aubin.

Sur 1,612 hab. de cette commune, il y a 300 pauvres et 200 mendiants.

Le maître d'école reçoit 120 fr.

La récolte nourrit les paroissiens *un quart de l'année!* La paroisse pourrait avoir un commerce de blé et de charbon, mais le mauvais état des chemins ne le permet pas.

Cransac. — Les lettres sont portées par les personnes qui reviennent des foires.

Flux et reflux continuel de mendiants.

Point d'hospice, point de fonds pour les pauvres, ni maître ni maîtresse d'école; celle qui en fait les fonctions ni entend rien.

Ni métier, ni industrie, ni commerce.

La récolte du blé est épuisée *au mois de novembre.*

Saint-Michel d'Aubin. — Lettres par commerçants de fil.

186 hab. 80 pauvres et 20 mendiants.

Ni hospice, ni fonds pour les pauvres, ni maître d'école, ni sage-femme.

La récolte est à peine suffisante pour trois mois de l'année.

Le peu de vin et de châtaignes que l'on récolte

pourrait fournir à la dépense d'autres trois mois, si les charges royales et seigneuriales n'absorbaient pas la plus grande partie du produit.

Il n'y a d'autre ressource que de mendier ou mourir de faim.

Quelques particuliers achètent avec l'argent d'autrui quelques mulets et bourriques et portent du charbon de pierre, ce qui les empêche de mourir de faim.

Ruilhe. — 350 hab. Les trois quarts sont pauvres, il y a une infinité de mendiants, sans compter les passants.

Ni commerce, ni industrie, ni maître d'école.

La récolte est insuffisante.

Testet. — Lettres par commodités.

Tous les habitants sont dans la misère.

La récolte ne suffit que pour la moitié de l'année.

Les paroissiens n'ont d'autre ressource que de mendier ou de *mourir de faim*.

Labessenoits. — A cette question : quelle ressource ? le curé fait cette réponse laconique et superbe : *manger peu*.

Vialarels. — Ni commerce, ni industrie, ni écoles.

Récolte insuffisante. Toute la ressource est dans les châtaignes (encore n'y en a-t-il que peu).

Auzits. — On trouve rarement des commodités pour les lettres ; il faut envoyer des exprès.

Le curé loge dans une maison qui serait salubre (!) si elle ne menaçait ruine.

506 hab. La moitié est pauvre ; 180 mendient et

un grand nombre *périssent de faim* n'osant pas mendier.

La récolte n'est suffisante que pour 3 mois de l'année.

Firmy. — Lettres par occasion.

1610 hab. 260 pauvres et 200 mendiants, sans compter une multitude d'étrangers.

Ni hospice, ni fonds de secours.

La récolte suffit un quart de l'année.

Ressources : Transport de charbons et châtaignes.

Lugan. — 608 hab. Tous pauvres; vont mendier à l'extérieur.

Ni commerce, ni industrie, ni école.

Récolte insuffisante.

Ressources : La charité, dit le curé.

Bozouls. — Le presbytère menace ruine.

1,400 hab. 211 mendiants, sans compter les étrangers qui passent constamment.

Ni industrie, ni école.

Concanès. — Ni industrie, ni école.

La récolte serait suffisante si elle était bien partagée.

Sainte-Eulalie du Causse. — 244 hab. Presque tous pauvres.

Ni industrie, ni école; pas de fonds pour les pauvres; les malades n'ont aucun secours.

Le curé signale l'introduction de la *culture de la pomme de terre.*

La récolte ne suffit que pour les trois quarts de l'année.

Ni métiers, ni commerce, ni école.

Le curé ajoute que l'église est en très mauvais état et que l'autel tombe en débris.

Cogulet. — 189 hab. 63 pauvres et 25 mendiants.
Ni école, ni industrie.
La récolte suffit 9 mois de l'année.

Rodelle. — 249 hab. Tous misérables à l'exception de 4 maisons.
Ni industrie, ni métiers, ni école, ni fonds pour les pauvres.
La récolte est insuffisante.
Si tout ce qui se recueille dans la paroisse y restait, les habitants pourraient vivre *jusqu'à la Pâque!*
Quelle ressource? demande l'évêque.
Emprunter ou mendier, répond le curé.

Saint-Julien de Rodelle, surnommé le *pauvre*. — Le presbytère se crevasse de tous côtés.
355 hab. 98 pauvres valides, 5 invalides, outre les petits enfants. Tous les autres, à l'exception de 5 ou 6 maisons, ont besoin d'être soulagés la plus grande partie du temps. Grand nombre de mendiants passagers.
Ni métiers, ni commerce, ni école, ni fonds pour les pauvres.
La récolte nourrit à peine un tiers des paroissiens.
Ils n'ont d'autre ressource que de mendier ou de mourir, ce que bien des gens ont fait et font tous les jours, ajoute le curé.

Gillorgues. — 537 hab. La récolte ne reste pas dans la paroisse. Il faut la vendre pour payer les dettes. La plupart sont obligés d'engager leurs biens et d'emprunter quand ils trouvent.

Ni métiers, ni école.

Ressources? mendier, dit le curé.

Barriac. — Ce village compte 448 hab., dont 106 pauvres.

Il nourrit 17 seigneurs temporels !

Le chapitre de Rodez, les Chartreux, les Dominicains, le Roi, emportent le quart de la récolte.

En outre, il faut 1,800 francs pour les décimateurs.

Ni école, ni commerce.

Les paysans vendent leur froment pour payer les dîmes royales.

Broquiès. — Envoie de lettres par rencontre.

Cette petite ville a un maître d'école qui gagne 100 francs par an.

1,617 hab., dont 350 pauvres ou mendiants.

La dîme rapporte au prieur, 50 pipes de vin, 8 charretées de seigle, 4 charretées de froment, 1 de mixture, 2 d'avoine, 1 de menu grains.

Nous trouvons ici 92 francs de revenus pour les malades.

La récolte suffit 4 mois de l'année.

Le prieur s'engraisse pendant que les paysans font carême.

Coupiaguet. — A cinq mortelles lieues de Rodez, dit le curé, qui envie probablement le carrosse de Monseigneur.

Là, il y a 245 hab., tous pauvres, à l'exception de 5 maisons.

La récolte les nourrit un tiers de l'année.

Ressources? mendier.

Canniac. — Ce village possède un maître d'école

qui vit avec la rétribution que lui donnent ses élèves. Il reçoit 10 sols de ceux qui apprennent à lire et 15 sols de ceux qui apprennent à écrire. Ceci est un luxe coûteux.

Il y a quelque temps, dit le curé, qu'on y a introduit la culture de la pomme de terre, qu'on appelle *trufets*, et il y ajoute : — Je crois qu'on s'y adonne trop.

La récolte nourrit les habitants deux tiers de l'année.

La Besse. — 550 hab. 80 familles pauvres. Ceux qui ne vont pas mendier jouissent d'un bien chargé de dettes ; les impôts dévorent leurs maigres ressources.

La récolte est insuffisante par suite de la dîme et du droit du seigneur, dit le curé. Et il ajoute : « Jadis on avait les châtaignes et le vin ; mais le froid de 1766 et la peste de 1768 ont enlevé cette ressource. Il n'en reste qu'une aux habitants : vendre leurs biens, aller ailleurs ; de sorte que les vieillards, les femmes, les enfants, sont obligés d'endurer la faim. »

Alrance. — 737 hab. 200 pauvres, 100 mendiants, et les autres *ont besoin d'être soulagés*. On y a introduit la culture de la pomme de terre dont la récolte est insuffisante.

La Capelle-Parcel. — 280 pauvres et mendiants sur 330 hab.

Pas d'écoles, pas d'industrie.

La récolte est insuffisante.

Quelle ressource ? L'aumône et la souffrance de la faim.

Notre-Dame-de-Sangane. — 538 hab. Il n'y a

aucune maison dans la paroisse *où on n'épargne pas le pain*. Il peut y en avoir un tiers qui ait coutume d'en avoir : un autre tiers qui n'en manque que la moitié du temps et l'autre tiers qui n'en a pour ainsi dire jamais.

Pas d'école.

Si le blé qui se cueille dans la paroisse s'y consommait, il ne serait pas encore suffisant à l'entretien des paroissiens.

Le curé de *Durenque* dit : « Il n'y a guère de fruits, dont la terre permette la culture, qu'on n'ait cultivés. et il ajoute cette amère réflexion : *La misère est un maître d'école*. La récolte ne suffit qu'une moitié de l'année.

L'église va s'écrouler.

A *Vimenet*. — 562 pauvres sur 1008 hab. La récolte est insuffisante. « Mais, dit le curé, il faut noter que les seigneurs prélèvent le quart et le quint dans presque toute l'étendue de la paroisse et qu'ainsi ceux qui labourent les terres n'ont pas de blé pour toute l'année. »

Canjac est dévoré par le comte du Bosc, bas, moyen et haut seigneur de la plus grande partie de la paroisse, par l'abbesse du monastère de Rodez, par le prieur de Centres.

Ils prélèvent des censives en seigle, avoine, argent et poules.

Ajoutez-y l'impôt du roi, les corvées royales et seigneuriales.

Le seigneur prend la quinte gerbe en champart, c'est-à-dire, une gerbe sur cinq.

Toutes ces misères se déroulent avec une lamentable et désespérante monotonie, le long de centaines et de centaines de pages où les curés disent la pénible existence de leur paroissiens.

Quelle ressource ? demande Monseigneur.

Mendier, manger peu, mourir de faim, répond le curé avec une philosophie tristement ironique.

Mourir de faim ! quel remède ! Et en effet, ils mouraient pour échapper à cette torture de toute leur vie.

C'était le seul remède souverain et à bon marché.

Et Monseigneur, toujours gras et frais, chaudement enveloppé dans sa douillette, et l'abbesse blanche et dodue, et le prieur au ventre insolent, et les seigneurs dans leurs châteaux, au milieu des belles dames et des varlets, et le roi se vautrant dans les voluptés du Parc-au-Cerf, n'entendait pas ce cri déchirant qui, depuis des siècles, montait des campagnes affamées :

Du pain ! Du pain ! Du pain !

Théodore de Banville fait dire par le poète Gringoire à Louis XI : — Sire, j'ai eu faim toute ma vie. — La plupart des paysans pouvaient en dire autant à leur lit de mort.

Sur le mur d'un cachot de la vieille cité de Carcassonne on lit, profondément entaillé dans la pierre, ce mot latin : Escam !

Du pain ! C'est le cri éternel du paysan de l'ancien régime.

Et le touriste s'arrête rêveur devant cette pierre qui est un document historique. Mot lugubre et vengeur qui résume les souffrances de l'ancien temps. Je vois encore ces lettres informes grossièrement creusées avec la pointe d'un clou, et il me semblait entendre la voix d'un malheureux ancêtre implorant la pitié et la vengeance de ses descendants.

Quand une épidémie de variole ou de peste survenait au milieu de ces misères, des communautés entières disparaissaient emportées par le fléau.

Pendant ces temps, on s'abandonne à la grande fête à Paris chez les grands seigneurs, chez les fermiers généraux et leurs agents.

Cinq fois par semaine, dit Taine, chez le duc de Choiseuil, à dix heures du soir, le maître d'hôtel vient jeter un coup d'œil dans les salons, dans l'immense galerie pleine et, au juger, fait mettre cinquante, soixante, quatre-vingts couverts.

C'est M. de Goncourt qui raconte ces merveilles et il est ébloui par ces magnificences, il admire ce temps joyeux et il ne voit pas le spectre du paysan français qui ouvre la porte du festin à ce monde sans entrailles.

A Trianon, à Saint-Cloud, à Bellevue, à Monceaux, au Raincy, à Meudon, à Bagatelle, au Palais-Royal, chez le duc d'Orléans, au Temple, chez le prince de Conti, à Chantilly, chez les Condé, à Sceaux, chez le duc de Penthièvre, on vit dans une profusion insensée; on mange les mets les plus délicats, on dresse d'immenses corbeilles des fruits les plus rares, on déguste les vins fins, on joue, on danse et on n'entend pas les glas funèbres qui montent toujours des campagnes venant mêler leurs voix lamentables aux symphonies amoureuses.

Viens donc, hâte-toi, révolution vengeresse! Viens jeter l'épouvante dans ce monde de souillures et d'infamies !

Et toi, paysan, pauvre hère que l'on piétine et que l'on fouaille depuis des siècles, redresse ton échine, relève ta tête penchée sur ce sillon ingrat, regarde à l'horizon l'aurore des temps nouveaux. L'heure réparatrice va sonner.

Et quand tu seras rentré en possession de ton droit, de ta liberté et de ta dignité, lorsque de vilain que tu étais, tu seras devenu un citoyen, partie intégrante de l'âme de l'état, conserve ces libertés péniblement acquises.

Si tu les laisses dérober par un criminel quelconque, tu n'es plus un homme, mais un mulet condamné à la servitude éternelle.

Histoire dramatique du Sergent Lèbre

Tirée de l'*Histoire des Paysans*, de Bonnemère.

Au XVIIe siècle, le paysan est encore dépouillé contre toute justice par ses maîtres ; insulté, pillé, volé, violé et égorgé par le soldat, cet aveugle instrument d'un pouvoir despotique ; ce soldat tourne contre la patrie l'arme que la mère commune met entre ses mains pour la défendre. « Parfois cependant, en dépit de
« cette abjection séculaire à laquelle était condamné
« Jacques Bonhomme, l'injure venait se heurter à
« quelqu'une de ces natures d'élite que la main libérale
« de Dieu prodigue à toutes les époques et dans toutes
« les classes ; et alors l'individu se dressait seul au
« milieu de l'avilissement général et son désespoir
« prenait des proportions sublimes.

« Vers la fin du XVIIe siècle, un sergent logeait chez
« un paysan provençal nommé Lèbre. Ce paysan était
« jeune, il était époux et sa femme avait reçu de la nature

« un don souvent fatal dans son humble condition :
« elle était jolie. Le soldat, papillon nomade, se donne
« trop souvent pour mission de promener la séduction
« et la débauche par les pays qui le nourrissent.
« Fidèle à son rôle, le sergent n'est point insensible
« aux charmes de son hôtesse ; mais le mari survient,
« qui prend mal la chose, et le repousse violemment.
« Un rude soufflet est le prix de son audace. Lèbre
« veut se venger et demande des armes ; mais un
« manant n'a pas d'honneur à venger, on le chasse
« de sa chaumière et l'on rit de son impuissante
« colère.

« Lèbre reconduit sa femme chez celui qui la lui
« avait donnée : « Père, lui dit-il, je vous ramène
« votre fille ; un homme ne mérite pas d'avoir une
« femme lorsqu'il ne peut pas la défendre. On l'a
« insultée et je n'ai rien pu, rien que me faire jeter
« hors de chez moi. Je n'ai donc plus de maison, je
« n'ai donc plus de femme ; reprenez-la jusqu'à ce que
« je revienne vous la redemander, et alors vous
« pourrez me la rendre, car alors, je jure qu'elle sera
« vengée et je saurai la défendre. »

Ni les larmes de sa femme, ni les prières du vieillard ne changent son inflexible résolution ; il s'éloigne, il disparaît du pays, et ils n'entendent plus parler, lui de son gendre, elle de son époux.

Surmontant la répugnance native du paysan pour le métier de soldat, Lèbre s'engage parce que la servitude militaire peut seule l'affranchir de la servitude du sol et l'élever au rang de celui qu'il veut frapper. Aucun obstacle ne l'arrête, il faut qu'il arrive, il arrivera. Il ne sait rien, il apprendra tout. Bientôt, en effet, il obtient son premier grade, et au bout de *huit années*, il est fait sergent. Mais ce n'est pas tout d'être sergent ; il y en a beaucoup dans l'armée, il faut trouver celui auquel il a affaire, il faut que celui-là n'ait pas changé de grade pour qu'il puisse croiser le fer avec lui. A cela, il est vrai, il y avait de grandes chances, car le grade de sergent était alors le bâton de maréchal des hommes du peuple, et le nombre était bien restreint de ceux qui échangeaient l'épaulette de laine contre l'épaulette d'officier.

Un jour enfin Lèbre rencontre à Strasbourg celui qu'il cherche. Il rassemble dans un repas de corps tous les sergents en garnison dans la ville, puis à la fin du dîner : Camarades, dit-il, si l'un de vous a reçu un soufflet, à votre avis, que doit-il faire ? A vous, sergent, de dire votre opinion, ajoute-t-il, en s'adressant à son ennemi.

D'abord, répond celui-ci, un soufflet ne se reçoit et surtout ne se garde ; on commence par le rendre, puis le lendemain on se bat. Très bien, reprit Lèbre... Vous souvient-il d'un paysan que vous avez frappé il y a huit ans, parce qu'il voulait défendre sa femme contre vous ?

— Du paysan, non, répond le sergent, mais de la femme et du soufflet parfaitement. — Si bien, continue Lèbre, qu'aujourd'hui il vous en doit bien deux : un pour le capital, l'autre pour les intérêts. Eh ? bien, ajoute-t-il, en marchand droit à lui, le paysan c'est moi, les deux soufflets, les voilà ! Et il frappe sur les deux joues.

Seulement, comme il y a longtemps que j'attends et que vous m'avez déjà refusé une fois, nous ne nous battrons pas demain, mais aujourd'hui, mais sur l'heure, et dans ce lieu même.

Nous avons des témoins braves et nombreux, n'est-ce pas ? Et maintenant, faites-nous place, camarades, et ne nous dérangez pas ; car, vous comprenez bien que de cet homme ou de moi, il faut qu'avant un quart d'heure l'un des deux soit mort !

Le combat ne fut pas long, et le sergent, frappé en pleine poitrine, tomba pour ne plus se relever. Peu de semaines après, Lèbre, nommé sous lieutenant, obtient un congé et se rend chez le père de celle qui avait été sa femme et qu'il avait abandonnée. Il était bien changé ; il fallût qu'il se fît reconnaître, et ce fut alors une de ces joies et de ces ivresses qui s'augmentent de toute la grandeur des souffrances qui les ont précédées. Promu bientôt au grade de capitaine et protégé par le maréchal de Belle-Isle, Lèbre obtint le commandement du fort de Montélimar, puis de Bayonne.

Voilà quels hommes pouvaient faire ces paysans, lorsque l'oppression n'avait pas su réussir à briser tous les ressorts de leur âme.

Le Laboureur de Saurat

Nous citerons un autre fait qui prouve combien l'esprit de fierté et d'indépendance avait fait du progrès dans les campagnes, dans le XVIIIe siècle.

Sur la route qui conduit de Tarascon à Saurat, dans le département de l'Ariège, on remarque sur un rocher les ruines d'un château féodal détruit en 1793. Il était occupé vers 1780 par un hobereau qui opprimait les habitants de la contrée. Entr'autres prétentions, il obligeait les paysans à ôter leur bonnet quand ils passaient devant son castel. Il fut informé un jour, par l'un de ses domestiques, que certain habitant de Saurat se refusait à lui accorder cet hommage servile.

Le seigneur le fait appeler; il lui reproche son insubordination outrecuidante; il l'accable d'injures et le menace de le faire bâtonner par ses gens, s'il persiste à passer devant sa tourelle sans tirer son bonnet.

Le paysan était seul face à face avec son châtelain. Il se précipite sur lui et lui administre de son poing vigoureux la plus belle volée que châtelain ait jamais reçue.

Les serviteurs accourent aux cris de leur maître; le paysan les rencontre dans les escaliers, il les culbute, distribue à droite et à gauche des bourrades formidables et s'enfuit à travers la montagne. Il passa en Espagne où il resta jusqu'à la Révolution de 1789.

Tandis que le rayonnement des idées nouvelles, pénétrant la rude écorce du paysan, allait réveiller l'antique fierté gauloise, la noblesse, souillée de vices, s'affaissait de plus en plus aux pieds de la royauté et descendait jusqu'aux derniers degrés de l'avilissement.

On sait que des agents secrets, d'un caractère spécial, recherchaient, achetaient et enlevaient au besoin les jolies fillettes de 12 à 15 ans pour les enfermer dans un château célèbre, le Parc-aux-Cerfs, où elles servaient à la satisfaction des passions séniles de Louis XV.

Lorsqu'elles étaient enceintes des œuvres royales ou mises hors de service pour une raison quelconque, on leur délivrait leur congé avec une pension qui variait selon la valeur du sujet entre 40 et 200,000 francs.

La position était brillante et il se trouvait des nobles ruinés qui sollicitaient l'honneur de placer leur enfant dans cette honorable maison.

Voici la lettre édifiante du noble de Mar.... au lieutenant de police Berryer, pour lui demander de faire admettre sa fille au susdit Parc-aux-Cerfs :

« Monseigneur,

« Un père de famille, gentilhomme depuis 200 ans par anoblissement, dont les ancêtres n'ont pas dérogé, vient à vous, animé d'un profond amour de la personne sacrée du roi, afin de vous prévenir qu'il a le bonheur d'être père d'une fille, véritable miracle de beauté, de fraîcheur, de jeunesse et de santé. Les certificats ci-joints des médecins vous prouveront ce point-ci ; d'autres attestations de deux sages-femmes certifient l'exacte virginité de cette chère enfant. Serait-ce trop espérer, Monseigneur, de votre bonté que de solliciter d'obtenir pour ma troisième fille Anne-Marie de Mar..., âgée de 15 ans révolus, l'entrée de la *bienheureuse* maison où l'on forme celles de son sexe qui sont réservées à l'ardent amour de notre bon roi ? Ah ! Monseigneur, quelle douce récompense, une telle faveur serait pour mes 34 ans de service, en ma qualité de capitaine, pour ceux des deux frères aînés de ma fille bien-aimée ! Peut-être on objectera *l'âge avancé (!)* de la jeune personne. Eh ! bien, elle possède son innocence baptismale, ne connaissant pas encore la différence des sexes. Elle a été élevée par une mère, digne épouse, modèle de vertu, chaste, et qui a toujours travaillé à rendre sa fille apte à plaire à notre roi bien-aimé, qui trouvera en elle les trésors inestimables qui lui sont si bien dus.

« J'attendrai, Monseigneur, avec une vive impatience, votre réponse. Si elle est favorable, elle répandra les bénédictions de Dieu sur une famille qui vous sera toujours passionnément et aveuglément dévouée.

« J'ai l'honneur, etc. »

Cette lettre mérite bien d'être citée en entier et elle se passe de commentaires, mettant en suffisante évidence la moralité de la noblesse au XVIIIe siècle.

Souffrances des Villes

On a vu par les citations faites plus haut quelles étaient les souffrances des habitants de la campagne. Le peuple des villes n'était guère plus heureux. Il suffit, pour s'en convaincre, de parcourir l'histoire de l'*Ancien Régime,* de Taine. Cet historien n'a pas de vives sympathies pour le mouvement révolutionnaire. Mais les faits s'imposent à ce philosophe libéral et il nous trace des tableaux saisissants de la misère dont la France se mourait au siècle dernier, sous le gouvernement despotique et ruineux du roi. On lit dans une adresse envoyée au Parlement de Normandie, en 1752 : « Un officier dont la troupe est en garnison à Mézières, m'a dit que le peuple est si misérable dans cette ville que, dès qu'on avait servi le dîner des officiers dans les auberges, le peuple se jetait dessus et le pillait. — Il y a plus de 12,000 ouvriers mendiants à Rouen, tout autant à Tours. On compte plus de 20,000 de ces ouvriers qui sont sortis du royaume depuis trois mois pour aller à l'étranger, en Espagne, en Allemagne. — A Lyon, il y a plus de 20,000 ouvriers en soie qui sont consignés aux portes ; on les garde à vue de peur qu'ils ne passent à l'étranger. »

Si je comptais les attroupements, les séditions d'affamés, les pillages de magasins, dit Taine, je n'en finirais pas ; ce sont les soubresauts convulsifs de la créature surmenée ; elle a jeûné tant qu'elle a pu ; à la fin, l'instinct se révolte. En 1747, il y a des révoltes considérables à Toulouse pour le pain, en Guyenne, il y en a à chaque marché.

Dans le Comminges, à Saint-Gaudens, à Muret, à Lombez, des villages entiers menacent d'abandonner leur territoire, si on ne diminue pas leurs impôts. Les habitants de Saint-Sernin, dans l'Aveyron, ont fait jusqu'à dix fois l'abandon de leurs biens, parce qu'ils ne pouvaient pas payer les impôts.

« Parcourez, dit Taine, les correspondances administratives des trente dernières années qui précèdent la Révolution : cent indices vous révèleront une souffrance excessive. Visiblement, pour l'homme du peuple, paysan, artisan, ouvrier, qui subsiste par le travail de ses bras, la vie est précaire ; il a juste le peu qu'il faut pour ne pas mourir de faim, et plus d'une fois ce peu lui manque. »

Dans l'Anjou, le Maine, la Bretagne, le Limousin, le Berry, l'Auvergne, la Touraine, on trouve des espaces immenses abandonnés au marais, à la fougère, à la bruyère. Le paysan s'en va mendier plutôt que de labourer un sol dont les fruits lui sont ravis par les couvents, les évêques, le seigneurs et le roi.

Dépenses du Clergé et du Roi

Nous allons voir où passait le fruit du travail des paysans.

Le tiers du territoire au moins appartenait aux couvents, aux évêques. Voici quelques chiffres éloquents : on remarquera que 10,000 fr. de cette époque valaient 30,000 fr. d'aujourd'hui. Par conséquent, pour se faire une idée exacte des revenus des membres du clergé, il faut multiplier par 3 les chiffres que nous allons citer. *En sus de leurs traitements,* les évêques jouissaient du revenu de riches abbayes qui leur rapportaient des sommes énormes. M. d'Agoût, évêque de Pamiers, avait 45,000 fr.; l'évêque d'Autun, 50,000 fr.; l'évêque d'Albi, 100,000 fr.; M. de Rohan tirait de ses abbayes 400,000 fr.; M. de Brienne, qui a été archevêque de Toulouse, avait **678,000** fr. de rente. Une seule coupe de bois dans *une* abbaye lui avait valu *un million.*

Tandis que les curés de village avaient à peine le nécessaire pour vivre, les revenus de ces riches abbayes étaient distribués aux cadets des familles nobles qui vivaient dans le luxe et menaient grand train à la Cour.

« Ce garçon si frais, dit La Bruyère, si fleuri et d'une si belle santé, est seigneur d'une abbaye et dix autres bénéfices; tous ensemble lui rapportent six vingt mille livres de revenu, dont il n'est payé qu'en médailles d'or. Il y a ailleurs six vingts familles indigentes qui ne se chauffent point pendant l'hiver, qui n'ont point d'habits pour se couvrir et qui souvent manquent de pain; leur pauvreté est extrême et honteuse..... *Quel partage! Et cela ne prouve-t-il pas clairement un avenir?*

« La Bruyère, *Des Biens, de la Fortune.* »

La Bruyère prévoyait et annonçait ainsi la Révolution qui, cent ans plus tard, allait procéder à une plus juste répartition des biens de ce monde.

Les gouverneurs de province recevaient entre 50,000 et 150,000 francs.

Dépenses de la Cour

Les cuisines de la cour occupaient 295 officiers. Le premier maître d'hôtel avait 84,000 francs. (Triplez toujours pour connaître la valeur actuelle).

Le roi est le Gargantua de Rabelais, un gouffre béant et jamais rassasié, où vont se perdre les ressources du pays, le fruit de l'industrie, du commerce et du labourage. Il y a là des grands officiers du palais, des gouverneurs des maisons royales, des chambellans, des écuyers, des gentilshommes servants, des pages, des gouverneurs, des aumôniers, des chapelains, des dames d'honneur, des dames de compagnie, chez le roi, chez la reine, chez les princes et chez les princesses, des offices par centaines, dont les titulaires gagnent 100,000 et 200,000 francs par an.

Le service de la chapelle occupe 38 abbés.

Le service de la chambre du roi occupe 81 gentilshommes.

36 médecins, chirurgiens ou apothicaires sont attachés à la maison de Sa Majesté.

Il serait trop long d'énumérer tous les offices des chasses royales, des meutes, des bâtiments, des forêts, des parcs et jardins, les architectes, les gardes-meubles, les peintres, les musiciens; tout un monde de luxe qui vit dans la magnificence, tandis que le peuple des travailleurs meurt de faim.

En 1780, le bon roi Louis XVI, voulant alléger les dépenses de sa Cour, donne 600,000 francs par an pour le service de la table de ses trois sœurs. Que devaient-elles dépenser auparavant !

Le duc de Chevreuse avait 500,000 francs de rente. Le roi estime que ce n'est pas suffisant et il donne 8,000 francs de rente personnelle à la duchesse de Chevreuse.

Un membre du Parlement de Dijon écrit au roi en 1764 : « Tôt ou tard, le peuple apprendra que les débris de nos finances continuent d'être prodigués en dons si souvent peu mérités, en pensions excessives et multipliées sur les mêmes têtes, en places et appointements inutiles. Tot ou tard, il repoussera ces mains avides, qui toujours s'ouvrent et ne se croient jamais pleines, ces gens insatiables, qui ne semblent nés que pour tout prendre et ne rien avoir, qui sont sans pitié comme sans pudeur. »

Le roi avait 4,000 chevaux dans ses écuries. Elles coûtent 6,200,000 francs d'entretien en 1787, d'après les comptes publiés par le ministre des finances Necker.

Tout ce monde de la cour s'habille de soie et d'or, de dentelles qui valent des prix insensés. Les dames resplendissent de diamants et de pierreries, tandis que le paysan n'a ni pain à mettre sous la dent, ni linge pour couvrir la nudité de sa femme et de ses enfants.

Les hommes sont parés comme des femmes. Ils n'ont pas des habits à queue d'hirondelle comme dans les bals de nos ministères. Ils sont poudrés et frisés, avec des cravates et des manchettes de dentelle, des habits et vestes de soie feuille morte, rose tendre, bleue céleste, tout brodés et galonnés d'or.

Rien n'est plus instructif, pour connaître les mœurs et le gaspillage de l'ancienne monarchie, que la lecture du *Livre rouge*, 3 volumes in-4°, où les derniers Bourbons inscrivaient leurs dépenses privées, dons et pensions faits sur ce qu'ils appelaient plaisamment leur cassette.

Mlle Selin, élève du Parc-aux-Cerfs, où l'on dressait les jeunes personnes destinées aux plaisirs lubriques de Louis XV, y figure pour une pension de 200,000 fr.

Rosalie Davit, une collègue, ne reçoit que 45,000 fr.

Mme de Giambonne, autre maîtresse de Louis XV, reçoit 60,000 fr.

Cette dernière avait été vendue à Louis XV par son père, tisserand, au prix de 600 fr. de rente.

Mme Le Normand, autre maîtresse du roi, 150,000 fr.

Une madame de Béarn, qui avait servi de matronne à la Dubarry, 120,000 fr.

Bertin, agent secret des plaisirs du roi, 100,000 fr.

Un monseigneur de Bonnac, évêque d'Agen, 40,000 fr., accordés à la prière de la Dubarry, dont ce monsignor avait usé antérieurement au roi. Cela tenait du cousinage.

Le mari de la Dubarry, 80,000 fr., pour sa complaisance; encore un cousin, mais plus rapproché que l'évêque.

Un autre membre de cette honorable famille, Jean Dubarry, 150,000 fr., reversibles à ses descendants.

Après les catins du roi, venaient les amis de la reine.

150,000 fr. au comte de Persen, ami de la reine.

160,000 fr. à un Arthur Dillon, autre ami de la reine.

La liste serait trop longue si nous voulions relever tout ce qui est intéressant dans ces livres d'où se dégage une odeur de maison mal famée.

Songez maintenant aux souffrances des paysans.

Tous ces gens-là faisaient la fête sans entendre le spectre de la faim qui, dans les campagnes, poussait des hurlements lamentables.

Et ce luxe effréné était payé par ce paysan dont La Bruyère nous fait une peinture si désolante : « L'on voit des animaux farouches, des mâles et des femelles, répandus par la campagne, noirs, livides et tout brûlés du soleil, attachés à la terre qu'ils fouillent et qu'ils remuent avec une opiniâtreté invincible; ils ont comme une voix articulée; et quand ils se lèvent sur leurs pieds, ils montrent une face humaine et, en effet, ils sont des hommes. Ils se retirent la nuit dans des tanières, où ils vivent de pain noir, d'eau et de racines; ils épargnent aux autres hommes la peine de semer, de labourer et de recueillir pour vivre, et méritent ainsi de ne pas manquer de ce pain qu'ils ont semé. »

Voici en quels termes l'évêque Massillon parle au roi de France :

« Tandis que les villes et les campagnes sont frappées de calamités, que les hommes, créés à l'image de Dieu et rachetés de tout son sang, broutent l'herbe comme des animaux, et dans leur nécessité extrême vont chercher à travers les champs une nourriture que la terre n'a pas faite pour l'homme, et qui devient pour eux une nourriture de mort, auriez-vous la force d'y être le seul heureux? Tandis que la face de tout le royaume est changée et que tout retentit de cris et de gémissements autour de votre demeure superbe, pourriez-vous conserver en dedans le même air de joie, de pompe, de sérénité, d'opulence ? Où serait l'humanité, la raison, la religion ? »

J'ai eu d'abord pour la plupart des grands, dit Monseigneur, une cruauté puérile ; dès que j'ai eu fait connaissance avec eux, j'ai passé presque sans transition jusqu'au mépris.

« C'est la partie basse du peuple qui, par son travail et son commerce, et par ce qu'elle paye au roi, l'enrichit lui et son royaume. C'est elle qui fournit tous les soldats et tous les matelots de ses armées de terre et de mer, et grands nombre d'officiers ; tous les marchands et tous les petits officiers de judicature. C'est elle qui exerce et remplit tous les arts et métiers, qui fournit tous les laboureurs, vignerons et manouvriers de la campagne ; qui garde et nourrit les bestiaux ; qui sème les blés et les recueille ; qui façonne les vignes et fait le vin, etc.

« Vauban, *La Dîme royale.* »

Et Vauban, ingénieur de Louis XIV, proposa de soulager ce peuple, en répartissant l'impôt sur tout le monde, un impôt proportionnel à la fortune de chacun, appelé la *Dîme royale*. Cette mesure équitable, provoqua des cris de colère parmi les nobles et le clergé. Vauban fut disgrâcié, chassé de la Cour, privé de son emploi d'ingénieur et il en mourut de désespoir.

Comment les Seigneurs traitaient les Paysans

Au xvii⁰ siècle, le baron de Bassompierre, qui fut maréchal de France, tient le poignard sur la gorge d'un père, tandis que sous les yeux de cet infortuné, un de ses amis viole sa fille.

Quand M. de Vaubecourt (xvii⁰ siècle) tenait entre ses mains des prisonniers, il les faisait égorger par son fils, enfant de dix ans, pour l'accoutumer de bonne heure au sang et au carnage. Si on veut être édifié sur les mœurs de la noblesse au xvii⁰ siècle, il faut lire *Les Grands Jours d'Auvergne*, histoire des assises tenues à Clermont-Ferrand, en 1665, pour juger des grands criminels de la région. C'est l'œuvre d'un évêque, l'évêque Fléchier. Les accusés appartenaient tous à la noblesse, personnages assez influents pour échapper à la juridiction locale.

Dans une seule audience, celle du 30 janvier 1665, il fut prononcé 53 condamnations à mort par contumace. — Les assassinats, les meurtres, les enlèvements, dit cet évêque, étaient les matières communes des jugements.

Un certain baron de Sénégas, qui avait pillé longtemps les paysans et en avait assassiné plusieurs, en avait enfermé un dans une sorte d'armoire humide, où il ne pouvait se tenir ni assis ni debout. Lorsqu'on le retira de cet abîme de souffrances, au bout de plusieurs mois, il était demi-mort; son visage n'avait plus rien d'humain; ses vêtements en lambeaux étaient couverts d'une mousse engendrée par l'humidité et la corruption.

L'infâme droit de markette ou de cuissage était

encore assez commun en Auvergne, dit le même évêque, au XVII⁰ siècle. Lorsque la mariée était jeune et belle, le seigneur ne renonçait à l'exercice de son droit en nature que moyennant une redevance plus forte que celle dont il se contentait d'habitude et il en coûtait bien souvent la moitié de la dot de la mariée.

Sous Louis XIV, un marquis de Charnacé s'amusait, pour se faire la main, à tirer sur les ouvriers qui travaillaient à la toiture de sa maison.

A la fin du siècle dernier, l'arrière grand-père de celui qui écrit ces lignes, forgeron au village de Bonnac d'Ariège, possédait deux beaux chevaux, qu'il avait élevés et dressés. Le marquis de Bonnac voulait les acheter ; le forgeron refusait de les vendre. Le marquis fit enfermer dans la prison de son château le vassal récalcitrant et ne lui rendit la liberté qu'après avoir été mis en possession des deux chevaux, pour un prix dérisoire.

Saint-Simon raconte l'histoire d'un tailleur, possesseur d'une maison qui gênait la vue du seigneur, son suzerain.

Le seigneur voulait l'acheter, le tailleur refusait de la vendre. Il y tenait comme le meunier de Sans-Soucy tenait à son moulin. Il y était né, son père y était né et son grand-père aussi ; il voulait la conserver à ses enfants. Le seigneur l'appelle au château et lui donne à raccommoder de vieux habits. Il le garde plusieurs jours. Quand le tailleur voulut rentrer chez lui, il fut étonné de ne pas retrouver la maison à la place où il l'avait laissée. Pendant son absence, le seigneur l'avait fait démolir et transporter plus loin, pièce par pièce.

Le tailleur s'adressa en vain à la justice. Il en fut pour ses peines, et le roi, à qui on raconta le fait, le trouva fort plaisant.

En mai 1750, des émeutes sanglantes agitèrent la capitale, à cause des enlèvements d'enfants opérés par les archers de Paris, pour le service du Parc-aux-Cerfs ; sept ou huit archers périrent. (CHALLAMEL).

Lorsqu'on voulut peupler la colonie du Mississipi, en Amérique, les agents de police enlevèrent des filles dans les rues de Paris. A la chute du jour, ces agents firent main-basse sur les servantes qui se hasardaient à travers les rues. Les servantes n'osaient plus sortir seules. (CHALLAMEL).

Les Impôts

Quels que soient les sacrifices faits par la République pour multiplier les écoles et en doter les moindres hameaux, l'instruction n'a pas fait encore dans les campagnes des progrès suffisants. Les jeunes commencent à raisonner ; les hommes de 50 à 70 ans sont presque aussi ignorants que leurs ancêtres. Ils sont incapables de comparer l'état social et domestique de leur grand-père avec leur état actuel. Ils ne savent rien des misères, des famines qui ravageaient jadis leur pays ; ils ne savent rien des impôts multiples qui pesaient sur l'ouvrier de la terre, des iniquités dont ils étaient tous les jours victimes, des mépris dont on les abreuvait.

Ils se plaignent de l'augmentation des impôts. Or ces augmentations résultent, pour la plus grande part, des dettes énormes léguées à la République par la monarchie et l'empire. Elles résultent aussi des centimes additionnels votés par les conseils communaux ou départementaux.

L'impôt foncier qui pèse principalement sur le cultivateur a subi des dégrèvements successifs.

Le principal de l'impôt foncier s'élevait à 240,000,000 de fr. en 1791. Il est descendu au chiffre de 150,000,000 de fr. environ.

Le rapport de l'impôt foncier en principal était pour le département de l'Ariège de 6,03 % du revenu net de la terre en 1821 ; il est aujourd'hui de 3,55 %.

Dans la Haute-Garonne, il s'élevait à 10 %, il est descendu à 4,60.

Dans le Gers, il était de 10 % ; il est descendu à 5,79.

Dans l'Aude, il était de 10 % ; il est descendu à 5,62.

Dans le Lot, il était de 11 % ; il est descendu à 5,47.

Dans l'Aveyron, il était de 11 % ; il est descendu à 4,90.

Nous renvoyons le lecteur au tableau comparatif publié par le *Bulletin des Contributions directes*, 1876-1877.

Les paysans ont à payer des centimes additionnels, mais ils ne remarquent pas qu'ils ont été votés par leurs conseils municipaux pour construction d'écoles, pour réfection d'églises ou de mairie ; qu'ils ont été votés par les conseils généraux pour des voies ferrées d'intérêt local, ou pour des routes départementales, ou pour des chemins vicinaux. Ils ne peuvent pas jouir de la rente d'un capital et garder ce capital tout à la fois.

Quelques-uns accusent la République d'avoir fait baisser le prix des veaux, des vaches, des bœufs, des cochons. Ils ne voient pas que tout a diminué par suite de l'abondance plus grande de l'argent et des objets de production.

Il y a 100 cochons aujourd'hui dans le village qui en possédait 50 il y a 40 ans. Tout a suivi la même progression.

Depuis que l'extension des chemins de fer et de la navigation à vapeur a rendu les communcations si faciles et si rapides entre tous les pays du monde, les échanges se sont multipliés et le bien-être s'est généralisé par l'effet de l'équilibre.

Quelques régions y ont perdu, le plus grand nombre y a gagné.

Quoi qu'il en soit, si le mouvement commercial subit un temps d'arrêt, ce n'est pas la faute du régime républicain, attendu que le malaise est beaucoup plus grand dans les pays voisins soumis à des monarchies.

Que se passe-t-il actuellement dans cette Italie dont la prospérité était naguère si vantée ? Les ouvriers y sont réduits à la misère; les désordres qui viennent de se produire à Rome en sont la preuve. Tous les ans, il part de Livourne des bâteaux pleins de paysans du territoire de Gênes ou de Lucques qui vont cultiver la terre en Corse et en Provence pour 25 ou 30 sous par jour.

Que pourrait faire un roi ou un César quelconque ? Pourrait-il changer quelque chose au prix des veaux et des pourceaux ?

Le paysan aurait sa liberté en moins, voilà tout; il subirait la réaction aristocratique et cléricale et aurait à payer à bref délai les frais d'une guerre ou d'une révolution qui bouleverserait le pays.

A-t-on déjà oublié le Mexique et Sedan ?

Pour juger de la différence des temps, les paysans n'ont qu'à comparer le bien-être dont on jouissait il y a 40 ans dans les villages, avec le bien-être d'aujourd'hui.

Les mairies et les écoles ne sont plus dans les étables.

Le moindre bourg possède, avec le bureau de tabac, des magasins, des auberges en grand nombre; les journaux, les livres pénètrent dans toutes les habitations; les madras et les coiffes d'indienne sont remplacés par des bonnets enrubannés; le chapeau DE FEUTRE chasse les anciens casques-à-mèche faits de laine grossière; le drap fin remplace le bouracan; la blanche toile de chanvre et de lin se substitue aux dures chemises de *pépissous* (1); les chaumières de torchis et de pisé font place à des habitations plus saines, bâties à pierre et à chaux, recouvertes de tuiles ou d'ardoises.

En somme, l'impôt payé par le laboureur varie entre 10 et 15 % de son revenu.

Recherchons ce que payait le paysan sous le régime d'avant la Révolution.

Les nobles, le clergé, les couvents, une grande partie de la magistrature, les employés du fisc et plusieurs bourgeois chargés de fonctions municipales étaient à peu près dispensés de leur part d'impôts qui retombaient de tout leur poids sur les paysans, sur les artisans, sur les industriels et les commerçants.

La répartition des impôts était faite dans les villages par des collecteurs qui ne pouvaient pas se soustraire à cette obligation et qui en répondaient sur leurs propres biens. Ces collecteurs, le plus souvent, ne savaient ni lire ni écrire et ils faisaient leurs comptes sur des bâtons où ils marquaient par des entailles les sommes perçues ou à percevoir, comme le font encore certains boulangers. De là vient le nom de la *taille*.

Lorsque le paysan avait prélevé sur sa terre ce qu'il fallait payer au roi, à l'évêque, au curé, aux couvents, au seigneur, les impôts divers qui l'accablaient sous le nom de taille, de vingtième, de capita-

---

(1) Pépissous, toile très rude faite avec les débris du chanvre.

tion, de dîme et divers droits seigneuriaux, il ne lui restait pas souvent de quoi soutenir une vie misérable.

En Picardie, une ferme qui rapporte 3,600 fr. au propriétaire paie 1,800 fr. au roi et 1,311 fr. au clergé ou aux seigneurs.

En Poitou, un propriétaire qui retire 586 fr. d'une terre en laisse 348 au Trésor et au clergé. Là, un colon consomme par an 26 fr. de seigle, 2 fr. de légumes, huile et laitage, 2 fr. 10 sous de porc; il ne boit que de l'eau; il s'éclaire et fait la soupe avec l'huile de navette.

Dans le pays de Tulle, le roi prélève 56,1/2 °/₀ du produit.

En Champagne, les impôts enlèvent 54 °/₀, et dans certaines paroisses 71 °/₀ du revenu de la terre (Taine).

On lit dans les procès-verbaux de l'Assemblée provinciale de la Haute-Guyenne : « Tous les fonds de terre sont taxés pour la taille, les accessoires et les vingtièmes, à plus du quart du revenu, déduction faite seulement des frais de culture, et les maisons au tiers du revenu, déduction faite seulement des frais de réparation et d'entretien; à quoi il faut ajouter la capitation qui prend environ un dixième du revenu, la dîme qui en prend un septième, les rentes seigneuriales qui en prennent un autre septième, les charges locales ordinaires et extraordinaires. Cela défalqué, on reconnaît que dans le communautés *moyennement* imposées, il ne reste pas au propriétaire la jouissance du tiers du revenu, et que dans les communautés lésées par la répartition, les propriétaires sont réduits à la condition de simples fermiers qui recueillent à peine de quoi récupérer les frais de culture. »

L'homme qui n'a que ses bras n'échappe pas lui-même au fisc. A Saint-Pierre de Bajourville, dans le

Toulousain, le salaire est de 7 à 12 sous par jour en été. Là, on voit de malheureux manœuvres imposés à 18 ou 20 fr. de capitation ou de taille.

La rentrée de ces impôts se faisait d'une manière terrible.

Si un malheureux artisan était en retard pour le paiement de sa cote, on lui envoyait un garnissaire qui s'installait chez lui en maître et qu'il fallait loger et nourrir jusqu'au paiement complet de la dette.

L'huissier venait enlever les serrures, les portes, les contrevents, les lits, tous les meubles.

Les collecteurs, choisis parmi les plus aisés du village, et responsables sur leurs biens, sur leurs meubles, sur leurs personnes, passaient pendant deux ans la moitié de leur journée à courir de porte en porte chez les contribuables en retard. Cet emploi, écrit Turgot, cause le désespoir et presque toujours la ruine de ceux qu'on en charge; on réduit ainsi successivement à la misère toutes les familles aisées d'un village.

Tout un monde d'employés, d'huissiers, de porteurs de contraintes et de recors vit sur le paysan comme la vermine sur un teigneux, et achève de ronger le peu que le roi, la noblesse et le clergé auraient pu laisser.

Dans la seule élection de Villefranche (Haute-Guyenne), on compte 106 porteurs de contraintes et autres recors toujours en chemin.

Les collecteurs étaient accompagnés de garnissaires choisis parmi la lie de la population, gens de sac et de corde qui se plaisaient à martyriser le paysan. Le receveur des finances les logeait chez les débiteurs récalcitrants et leur payait 1 fr. par jour. Il le faisait payer 2 fr. au débiteur qui voyait sa cote accrue d'autant, et c'était là une source de bénéfices pour ce receveur.

De telle sorte qu'il était furieux lorsqu'une communauté s'acquittait régulièrement. Elle était sûre de voir sa part augmentée à la répartition suivante.

C'est pourquoi le paysan exagérait encore sa misère. S'il venait, par hasard, à avoir quelque bien-être, il le dissimulait avec soin, sachant bien que sa taille serait augmentée, si on voyait qu'il ne meurt pas de faim.

J.-J. Rousseau raconte le fait suivant dans les *Confessions* : « Un jour, m'étant détourné de mon chemin pour voir de près un lieu qui me parut admirable, je m'y plu si fort et j'y fis tant de tours que je me perdis enfin tout à fait. Après plusieurs heures de course inutile, las et mourant de soif et de faim, j'entrai chez un paysan dont la maison n'avait pas belle apparence, mais c'était la seule que je visse aux environs. Je croyais que c'était comme à Genève ou en Suisse, où tous les habitants à leur aise sont en état d'exercer l'hospitalité. Je priai celui-ci de me donner à dîner en payant. Il m'offrit du lait écrémé et de gros pain d'orge, en me disant que c'était tout ce qu'il avait. Je buvais ce lait avec délices et je mangeais ce pain paille et tout; mais cela n'était pas fort restaurant pour un homme épuisé de fatigue. Ce paysan, qui m'examinait, jugea de la vérité de mon histoire par celle de mon appétit. Tout de suite, après avoir dit qu'il voyait bien que j'étais un bon jeune honnête homme qui n'était pas là pour le vendre, il ouvrit une petite trappe à côté de sa cuisine, descendit et revint un moment après avec un bon pain bis de pur froment, un jambon très appétissant quoique entamé et une bouteille de vin dont l'aspect me réjouit le cœur plus que tout le reste. Quand ce vint à payer, voilà son inquiétude et ses craintes qui reprennent; il ne voulait point de mon argent, il le repoussait avec un trouble extraordinaire;

et ce qu'il y avait de plaisant est que je ne pouvais imaginer de quoi il avait peur. Enfin, il prononça en frémissant ces mots terribles de commis et de rat de cave. Il me fit comprendre qu'il cachait son vin à cause des aides, qu'il cachait son pain à cause de la taille, et qu'il serait un homme perdu si l'on pouvait se douter qu'il ne mourût pas de faim. Tout ce qu'il me dit à ce sujet et dont je n'avais pas la moindre idée me fit une impression qui ne s'effacera jamais. *Ce fut là le germe de cette haine inextinguible qui se développa depuis dans mon cœur contre les vexations qu'éprouve le malheureux peuple et contre ses oppresseurs.* Cet homme, quoique aisé, n'osait manger le pain qu'il avait gagné à la sueur de son front et ne pouvait éviter sa ruine qu'en montrant la même misère qui régnait autour de lui. Je sortis de la maison aussi indigné qu'attendri, et déplorant le sort de ces belles contrées, à qui la nature n'a prodigué ses dons que pour en faire la proie des barbares publicains. »

Les augmentations d'impôts n'étaient pas votées par une assemblée quelconque. Le roi en agissait avec ses sujets à son bon plaisir ; il les imposait à son gré. Quand il lui fallait de l'argent pour payer la construction de nouveaux palais, pour enrichir ses maîtresses et leur famille, pour donner des pensions à ses courtisans ou payer leurs dettes, il créait un impôt nouveau ou augmentait les anciens et tout était dit. Le Parlement de Paris avait bien la prétention de se considérer comme un corps de représentants nationaux et il essayait quelquefois de s'opposer à la promulgation des ordonnances royales. Alors on l'exilait et on le ramenait à la raison.

Il n'y avait d'autre loi que le bon plaisir du roi.

Si on convoquait par extraordinaire les Etats-Généraux, le roi leur dictait ses volontés et si les membres de cette Assemblée manifestaient quelque résistance, on les renvoyait et on agissait sans eux. C'est ce qui eut lieu lors des Etats-Généraux de 1614. Les membres de la bourgeoisie ou Tiers-Etat proposaient de soumettre les évêques à l'élection, de limiter la faculté d'acquérir des communautés religieuses, de soumettre les jésuites aux mêmes lois que les autres ordres religieux, de vérifier les droits de corvée et autres droits seigneuriaux, de faire une enquête sur les titres de noblesse, d'obliger les seigneurs à affranchir leurs serfs dans un délai déterminé, de protéger le peuple contre les vexations de toute sorte dont il souffrait, etc.

Quand les députés du Tiers-Etat voulurent se réunir pour discuter ces questions, ils trouvèrent la salle de leurs délibérations fermée. On n'avait pas même pris soin de leur notifier la fin de leurs travaux. Ils protestèrent platoniquement et peu après ils se dispersèrent.

En 1789, l'esprit public aura fait des progrès, et lorsque Louis XVI voudra prendre contre les députés une mesure pareille, ils iront se réunir dans la Salle du Jeu-de-Paume; ils se maintiendront en séance malgré la défense du roi, ils se proclameront Assemblée nationale en vertu des pouvoirs conférés par le peuple et la Révolution sera commencée (22 juin 1889).

Pourquoi le roi aurait-il ménagé ses sujets? Dans une instruction écrite pour son fils, le dauphin, Louis-XVI disait : « Les rois sont seigneurs absolus et ont naturellement la disposition pleine et entière de tous les biens qui sont possédés aussi bien par les gens d'église que par les séculiers. »

C'était aussi l'avis de l'évêque Bossuet, cyniquement

exposé dans le *Traité politique tiré de l'Ecriture-Sainte*. Il dit au roi que Dieu lui a donné le royaume bêtes et gens, qu'il peut user de tout à son plaisir, sans avoir de compte à rendre à personne.

Et en effet, il n'en rendait pas. Il n'existait alors ni budget, ni liste civile. Le roi puisait dans la caisse tant qu'il y en avait, et quand le Trésor était épuisé, il faisait un nouvel appel de fonds.

Le ministre des finances Necker est le premier qui ait publié en 1781 un compte-rendu financier et il souleva dans le monde des privilégiés une telle fureur qu'il dut se retirer.

Il y avait des Assemblées provinciales; mais, dirigées par les privilégiés de la noblesse et du clergé, elles n'avaient ni le pouvoir ni le désir de modifier l'état social de la France. Mme de Sévigné nous dira ce qu'étaient ces Assemblées. On lit dans la lettre du 5 août 1671 : « Les Etats ne doivent pas être longs : il n'y a qu'à demander ce que veut le roi ; on ne dit pas un mot, voilà qui est fait. Une infinité de présents, des pensions, des réparations de chemins et de villes (par les corvées), quinze ou vingt grandes tables, un jeu continuel, des bals éternels, des comédies trois fois la semaine, une grande magnificence : *voilà les Etats*. J'oublie trois ou quatre cents pipes de vin qu'on boit. *Toute la Bretagne* était ivre ce jour-là. Le prétexte était une joie et une reconnaissance extrêmes de cent mille écus que le roi a donnés à la province sur le présent qu'on lui a fait, voulant récompenser, par cet effet de sa *libéralité*, la bonne grâce qu'on a eue à lui obéir. »

Les Etats avaient voté deux millions cinq cent mille francs en sus des impôts ordinaires. Le roi leur écrit : « Je vous fais grâce de trois cent mille francs. »

Là-dessus délire général ! Les pauvres gens ! Le roi trouvait une source de revenus plus odieuse que toute autre dans la confiscation des biens des malheureux condamnés aux galères ou au gibet.

Quelquefois, à l'heure de la digestion, il faisait don à une maîtresse ou à un courtisan d'un galérien ou d'un supplicié. Cela voulait dire que le donataire entrait en possession des biens du malheureux et en usait à sa fantaisie. C'était une gratification royale. Saint-Simon raconte dans ses *Mémoires* que Louis XIV a fait don d'un condamné à je ne sais plus quelle princesse. Saint-Simon ajoute : « La princesse espère en retirer beaucoup d'argent. »

La veuve, les enfants n'étaient pas suffisamment atteints par la perte du chef de famille. Un seigneur ou une courtisane lui ravissait encore l'héritage laissé par le supplicié !

Ils étaient sans entrailles ces gens-là !

Corvées

Le paysan ne doit aujourd'hui que trois journées de prestation, quatre quelquefois, et tout le monde est soumis à la même obligation, que l'on soit ministre, préfet ou évêque. Les charges nationales sont égales pour tous.

Avant la Révolution, la corvée pesait uniquement sur le peuple des campagnes, obligé de tracer et d'entretenir les grandes routes pour le service du roi, les belles avenues qui conduisaient aux châteaux des seigneurs, les chemins nécessaires à l'exploitation des terres de tous les privilégiés de la noblesse et du clergé; il devait réparer les remparts, nettoyer leurs fossés, construire les couvents et les églises.

Quand un déplacement de troupes avait lieu, on réquisitionnait les paysans et leurs bêtes, et ils allaient à deux ou trois journées de leur domicile porter les bagages de MM. les officiers.

Louis XIV avait essayé de mettre un terme aux abus dont souffrait la gent corvéable; il avait fixé la durée de la journée de soleil à soleil et réduit leur nombre à 12 par an au maximum. Mais on ne se préoccupait guère dans les provinces de l'ordonnance royale; le paysan supportait jusqu'à 50 journées de corvée par an. Ajoutez à cela les dimanches et jours de fête où le chômage était obligatoire, et vous verrez ce qui restait de temps au vilain pour cultiver ses terres, nettoyer ses fossés, entretenir les chemins, réparer sa chaumière.

Aussi, au témoignage d'un voyageur anglais, Young, qui parcourait la France dans la deuxième moitié du xviiie siècle, l'aspect des campagnes était affreux; les chemins étaient impraticables et une grande partie du territoire laissée sans culture.

Lorsque, à l'époque de la fenaison, l'orage venait à menacer, les paysans avaient à ramasser d'abord les foins du seigneur, de l'évêque ou de l'abbé. Il sauvait son bien s'il lui restait du temps.

Aux vendanges, personne n'avait le droit de toucher à ses raisins avant d'avoir coupé ceux du seigneur.

Les contemporains nous parlent de l'aspect misérable de ces bandes de paysans hâves, affamés, déguenillés, travaillant sur les routes sous la surveillance d'un employé du roi ou d'un serviteur du seigneur qui, le bâton à la main, les traitait avec une brutalité que le muletier n'a pas pour sa bête.

> J'ai vu le magistrat qui régit la province,
> L'esclave de la Cour et l'ennemi du prince,
> Commander la corvée à de tristes cantons
> Où Cérès et la faim commandent les moissons.
>
> SAINT-LAMBERT.

Est-il un tableau plus poignant que celui que nous fait La Fontaine dans la fable de *La Mort et le Bûcheron ?*

> Un pauvre bûcheron, tout couvert de ramée,
> Sous le faix du fagot aussi bien que des ans,
> Gémissant et courbé, marchait à pas pesants,
> Et tâchait de gagner sa chaumine enfumée.
> Enfin, n'en pouvant plus d'effort et de douleur,
> Il met bas son fagot, il songe à son malheur.
> Quel plaisir a-t-il eu depuis qu'il est au monde?
> En est-il un plus pauvre en la machine ronde?
> *Point de pain quelquefois et jamais de repos !*
> Sa femme, ses enfants, les soldats, les impôts,
>   Le créancier et la corvée
> Lui font d'un malheureux la peinture achevée.
> Il appelle la Mort.....

Les Mainmortables

Avant 1789, il existait encore des hommes dont la condition était inférieure à celle du paysan taillable et corvéable à merci. C'était le serf ou mainmortable. Le paysan taillable était relativement libre. Si la terre ne le nourrissait pas, si les impôts ne lui laissaient pas le pain nécessaire, il pouvait vendre la terre ou l'abandonner. Le serf appartenait corps et bien à son seigneur. Il était rivé à la glèbe, enchaîné à la seigneurie.

Il ne pouvait pas disposer de ses biens par testament.

Le seigneur était son héritier. Ce dernier était libre de disposer à son gré de son mobilier, de ses troupeaux, de ses champs, de sa maison.

Le mainmortable ne pouvait pas se marier sans la permission de son seigneur.

Le seigneur, en vendant la terre, transmettait à l'acheteur les serfs, partie intégrante de la propriété.

Le serf n'avait pas de nom de famille. Il s'appelait Pierre, Paul, Jacques, et le marquis de Laugeron estimait que, pour cette canaille, le nom d'un saint était bien suffisant.

Bouhier, président au Parlement de Dijon, au XVIIIe siècle, disait que la condition des serfs ne laissait pas d'être heureuse, car « uniquement occupés de l'agriculture, on ne le voit point se fatiguer en procès ou aspirer à des occupations qui les détournent du métier de leurs pères. »

C'était une cruelle raillerie.

Il y avait des mainmortables dans certains cantons de la Bourgogne, de l'Alsace, de la Lorraine, dans le territoire de Toul, Metz et Verdun, dans l'Artois, la Flandre, la Champagne, la Marche, l'Auvergne, le Bourbonnais, le Berry, le Nivernais, au chapitre de Saint-Claude, dans le Jura. Ils étaient surtout en terre d'église. « Il y a donc, disait Voltaire, des peuples chrétiens gémissant dans un triste esclavage sous des moines qui ont fait vœu d'humilité et de pauvreté ! — On a vu cent fois des officiers décorés de l'ordre militaire de Saint-Louis mourir serfs mainmortables d'un moine aussi insolent qu'inutile au monde. »

Challamel — *Histoire de la Liberté en France* — cite le fait suivant, tiré du *Mercure de France,* de décembre 1738 :

« Jean-Guillaume Moreau, ancien syndic des rentes de l'Hôtel-de-Ville de Paris, propriétaire, mourut en laissant une fortune considérable. Ni ses parents, ni l'Hôtel-Dieu, auquel il faisait un legs important, n'obtinrent quelque chose de la succession. Un arrêt du Parlement l'adjugea au seigneur de la terre de Toste, en Bourgogne, parce que ce maître féodal prouva que le défunt, fils d'un sergent royal de Toste, était issu de parents qui lui avaient transmis la tache indélébile de la servitude féodale. »

Les Droits féodaux

Le paysan ne pouvait faire un pas sans retrouver partout la main de son seigneur qui le guettait et le rançonnait sans merci.

Ici c'est un pont, c'est un chemin, où il faut payer tant pour le cheval, tant pour la charrette, tant pour le troupeau, tant pour la personne.

Voici le pressoir où le paysan est tenu de porter ses raisins et de payer une redevance.

Voici le four où il est tenu de porter son pain et de payer une redevance. Le four était affermé à un industriel qui en tirait le plus qu'il pouvait. Pour aller plus vite, pour faire plus de fournées et épargner le bois, le fermier ne faisait pas cuire suffisamment le pain qui se gâtait. Le paysan se plaignait; il se réclamait quelquefois du juge seigneurial à qui le fermier offrait une galette bien dorée et le paysan, impuissant, n'avait qu'à dévorer son pain moisi.

M. Rumeau, instituteur, auteur d'une monographie sur Labastide-de-Sérou (Ariège), raconte que, en 1749, les habitants de Labastide-de-Sérou, voulant se soustraire à la redevance payée au four banal de M. de Bellissen, et désirant donner au pain la cuisson nécessaire, s'entendirent pour la construction de fours à leur usage.

Il en résulta un préjudice pour le four banal. Une réclamation, adressée à la municipalité, provoque l'application du règlement suivant, conforme à celui de la ville de Foix :

1° Tous les fours que les particuliers ont fait construire chez eux, soit boulangers ou autres particuliers, seront fermés;

2° Les particuliers sujets à faire cuire leur pain aux fours banaux payeront aux propriétaires desdits fours tant pour le droit de propriété que pour les droits que le roi et autres ont droit de prendre de ladite banalité, 8 sols pour chaque setier de grain qu'ils feront cuire aux fours à ceux qui y seront préposés pour la recette desdits droits;

3° Venant le fournier, préposé pour faire cuire le pain des particuliers, boulangers et autres habitants sujets à faire cuire le pain auxdits fours banaux, à gâter le pain, il le paiera sa juste valeur qui sera retenue sur ses gages par le propriétaire du four.

Les contrevenants sont punis d'une amende de 5 livres.

Voici le moulin seigneurial où le paysan doit moudre

son grain, moyennant une redevance en nature ou en argent.

Le moulin est affermé comme le four et le meunier se fait bonne mesure quand il prélève sa part.

Avant la Révolution, le meunier est une des bêtes noires du paysan; c'est un des nombreux parasites qui vivent de son sang. Il est souvent joué dans les comédies du moyen-âge. (Voir la *Farce du Meunier*, xve siècle). Son âme n'est que *bran et ordure;* elle empuantit l'enfer à tel point que Satan fait défense aux diables d'apporter des âmes de meunier; elles sentent trop mauvais.

A chaque vente de propriété, le seigneur prélève un droit de mutation appelé droit de lods et ventes et évalué, en moyenne, à 17 %: 170 fr. sur un bien de 1,000 fr.

On lit dans une correspondance du xviiie siècle :

« Un acquéreur s'épuise pour faire une acquisition et est obligé de payer de gros frais d'adjudication et de contrat, prise de possession, procès-verbaux, contrôle et insinuation, centième denier, 8 sous par livre, etc., et par dessus tout cela, il faut qu'il exhibe son contrat à son seigneur, qui lui fera payer les lods et ventes du principal de son acquisition; les uns le douzième, les autres le dixième. Ceux-ci prétendent avoir le quint; d'autres le quint et requint. Enfin il y en a à tout prix et même j'en connais qui font payer le tiers de la somme principale. »

Le seigneur est héritier des biens de l'étranger qui meurt sur ses terres : c'est le droit *d'aubaine*.

Le gentilhomme possesseur d'un fief avait seul le droit de chasser et de pêcher. Il foulait avec sa meute et ses chevaux le champ du laboureur. Le gibier, très abondant, les lapins, les sangliers, les chevreuils, dévoraient les récoltes. Le paysan surpris à la chasse ou à la pêche était puni de l'amende, du bannissement, du carcan et quelquefois du gibet.

Le gentilhomme seul pouvait élever des pigeons.

Le propriétaire paysan ou bourgeois ne pouvait pas chasser même dans une propriété clôturée. Il lui était interdit d'avoir une garenne dans sa ferme.

La Fontaine nous raconte la mésaventure d'un jardinier faisant appel à son seigneur pour se délivrer d'un lièvre qui ravageait ses laitues, ne pouvant s'en défaire lui-même :

> Le seigneur vient avec ses gens.
> Cependant on fricasse, on se rue en cuisine.
> — De quand sont vos jambons? Ils ont fort bonne mine.
> — Monsieur, ils sont à vous. — Vraiment, dit le seigneur,
> Je les reçois et de bon cœur.
> Il déjeune très bien; ainsi fait sa famille,
> Chiens, chevaux et valets, tous gens bien endentés ;
> Il commande chez l'hôte, y prend ses libertés,
> Boit son vin, caresse sa fille.

Les trompes et les cors sonnent le départ; tout est mis en piteux équipage : carreaux, chicorée et porreaux, tout est piétiné. Le lièvre sort de l'enclos. Par ordre du seigneur, on fait à la haie une horrible et large trouée.

> Le bonhomme disait : ce sont là jeux de prince.
> Mais on le laissait dire : et les chiens et les gens
> Firent plus de dégât en une heure de temps
> Que n'en auraient fait en cent ans
> Tous les lièvres de la province.

A la séance du 19 février 1791 de l'Assemblée constituante, Dupont de Nemours évalue à 10 millions la somme des dégâts et frais que la chasse des seigneurs coûtait aux campagnes.

Le seigneur avait un mois ou quarante jours pour vendre son vin. Après ce délai, le paysan pouvait vendre le sien.

Défense de faire des fontaines, des puits ou des étangs sans la permission du seigneur.

Honneurs mineurs

Le seigneur jouissait d'une foule de petits honneurs qui ne rapportaient pas grand chose, mais qui étaient vexatoires pour le bourgeois et le vilain.

Seul il pouvait placer une girouette sur son château et le paysan n'avait que le droit de se mouiller l'index comme les marins pour reconnaître la direction du vent.

En 1659, le Parlement de Grenoble fait démolir les crénaux, meurtrières et pont-levis dont un riche bourgeois avait décoré sa demeure.

C'était quelque rôturier, quelque Georges Dandin qui avait voulu singer la noblesse, quelque M. La Souche qui, ayant fait entourer une vigne d'un fossé bourbeux, de M. de l'Isle avait pris le nom pompeux. Au demeurant, il ne méritait guère d'intérêt.

A l'église, le seigneur occupait une place réservée. Il avait le premier les honneurs du goupillon et du pain bénit et comme la malignité gauloise ne perd jamais ses droits, les curés, fils de paysans, et qui n'oubliaient pas toujours leur origine, se permettaient certaines facéties.

Dans une paroisse, écrit M. Rambaud, le curé,

s'avisant que le seigneur avait une perruque neuve, ajoute au goupillon une queue de cheval et fait pleuvoir sur la perruque un tel déluge d'eau bénite, qu'elle en est confondue et qu'un procès s'ensuit.

Dans une autre paroisse, le curé inonde de telle façon la dame du lieu, en plein hiver, que la dame est obligée d'aller se déshabiller. On décida que les curés présenteraient simplement le goupillon, mais n'aspergeraient pas.

L'Ecole et l'Instituteur

Les écoles étaient nombreuses avant la Révolution, disent certains réactionnaires, et quelques-uns, aussi dépourvus de bonne foi que de pudeur, affirment que l'enseignement était répandu autant qu'aujourd'hui.

Les communautés importantes, les villes qui sont aujourd'hui des chefs-lieux d'arrondissement et de canton étaient pourvues d'écoles.

Mais l'habitant du village ou du hameau, la grande majorité de la nation, vivait dans l'ignorance la plus absolue.

Là, un homme qui savait lire et écrire était un docteur.

Le plus souvent, le syndic et les collecteurs d'impôts étaient absolument illettrés.

Le desservant de la paroisse était l'agent du pouvoir et faisait l'office de gazette officielle et de bulletin des lois. Il était le journal des communes.

Le dimanche, au prône, il donnait communication

des ordres de l'intendant ou de son subdélégué ou du seigneur ou de l'abbé bénéficiaire, selon que le territoire de la communauté dépendait du roi, d'un seigueur ou d'une abbaye.

L'église était bien la maison commune non seulement pour les besoins du culte, mais encore pour les affaires d'ordre civil et politique.

Cette ignorance du peuple rendait plus facile son exploitation par les receveurs et autres agents du fisc, les employés des aides et des gabelles qui le traitaient comme les commandants des cercles militaires d'Algérie traitaient les indigènes dont ils devaient percevoir les impositions, avant l'organisation du gouvernement civil. Quant aux communes pourvues d'un enseignement primaire, si elles avaient un instituteur, elles manquaient le plus souvent de maisons d'école.

Les enfants se réunissaient dans une grange, dans une étable, pour avoir plus chaud pendant l'hiver.

Dans certaines contrées, en Provence par exemple, le recrutement des instituteurs se faisait certains jours de foire, comme celui des domestiques. Ils circulaient dans la foule avec une plume d'oie au chapeau. Ils s'abouchaient avec les représentants des communes, discutaient les conditions de marché, se louaient pour un an ou deux. Le plus souvent il signaient un bail de trois, six ou neuf ans.

Au village, le maître d'école comparaissait devant une commission composée des gros bonnets de l'endroit et présidée par le curé.

Le curé l'interrogeait sur le catéchisme, sur l'histoire sainte, sur le cérémonial des églises catholiques, sur le plain-chant. L'ampleur de la voix était une condition essentielle pour le maître d'école qui était avant tout l'homme de l'église, le chantre, l'enfant de chœur, le fossoyeur et le carillonneur.

La lecture du manuscrit constituait une épreuve de première importance pour les paysans qui l'appelaient souvent à lire les chartes où étaient consignés les droits féodaux et les privilèges de la commune.

Le maître d'école, qui avait subi victorieusement les épreuves de cet examen, n'avait plus qu'à être agréé de l'évêque dont il dépendait d'une manière absolue.

Il touchait de 100 à 150 fr. de traitement annuel et était logé chez l'habitant.

Le célibat leur était rigoureusement imposé.

« L'instituteur, dit Babeau *(Vie rurale dans l'ancienne France)*, a d'ordinaire deux chambres; il couche et fait sa cuisine dans l'une, dans l'autre il tient sa classe. Pas de mobilier scolaire dans cette dernière pièce, qui peut être en même temps sa chambre à four. Le mobilier consiste dans un fauteuil, une petite table, une petite cassette avec un coffre servant de marchepied, une maie et un établi. Tout autour de la salle sont pendus des outils de menuiserie et de jardinage, des serpettes, des fourches, des sacs à passer farine. Le recteur d'école pourrait se servir de ces divers objets pour donner des leçons de choses. Il n'est question ni de bancs ni de livres. Sur les onze maîtres d'école dont j'ai parcouru l'inventaire (département de l'Aube), trois seulement étaient pourvus de livres : l'un possédait un traité d'arithmétique que l'on désignait ainsi : *une Regelle de la Resmétique de Bolome;* les autres avaient quelques livres de piété : *Heures de l'Office paroissial, la Mort chrétienne, l'Imitation.* L'instituteur de Lermont (Aube) avait six livres de piété sur son dressoir. »

Dans les comédies du temps, le magister est représenté comme un jocrisse qui amuse la compagnie par sa bêtise.

L'abbé Delille en fait la peinture suivante :

..... Son port, son air de suffisance
Marquent dans son savoir une noble confiance.
Il sait, le fait est sûr, lire, écrire et compter;
Sait instruire à l'école, au lutrin sait chanter.
..... Tout le monde l'admire et ne peut concevoir
Que dans un cerveau seul loge tant de savoir.

Et l'abbé Delille ajoute :

Encouragez-le donc : songez que dans ses mains
Du peuple des hameaux reposent les destins;
Et rendant à ses yeux son office honorable
Laissez-le s'estimer pour qu'il soit honorable.

L'Homme des Champs.

Il lui était interdit de fumer, de fréquenter les auberges et de *porter la barbe*.

Sa tenue devait être des plus sévères et son allure des plus humbles.

Le programme de l'enseignement était peu compliqué.

Le maître d'école devait « eslever les enfants à bonne doctrine et principalement en la crainte de Dieu et aux capables leur faire dire par chœur la doctrine chrétienne. De plus, il conduira les escolliers tous les matins sortant de classe à l'esglise paroissialle pour iceluy les faire prier Dieu durant un quart d'heure. Il leur enseignera la religion. Il leur administrera des corrections salutaires et profitables à tous. *Archives de Labastide-de-Sérou,* citées par M. Rumeau, instituteur, 1882. »

Ces corrections se donnaient avec le fouet et la férule; le pied et la main venaient à la rescousse.

Les résultats de cet enseignement étaient maigres. D'ailleurs, les puissants du jour se défiaient de l'instruction. Plusieurs auteurs du siècle dernier signalent les dangers de l'instruction pour le fils du cultivateur. « Il n'y a d'autre état pour lui, écrit un intendant, que de grossir le nombre des religieux ou de ces célibataires, solliciteurs d'emplois dont la France fourmille. L'instruction rend le paysan orgueilleux, insolent, paresseux et plaideur; elle nuit à la population et à l'agriculture. »

Un intendant de la Navarre, en 1759, proposait de supprimer les petites écoles parce que « dans les campagnes rien n'est moins nécessaire au paysan que de savoir lire ».

Excès de l'Autorité religieuse

Le clergé catholique se plaint aujourd'hui des entraves apportées à ses pratiques par l'autorité civile. Habitué dès longtemps aux faveurs du gouvernement qui était son associé et son complice, il ne peut se consoler de la perte de ses privilèges et il se prétend persécuté depuis qu'il ne peut plus exercer de persécutions.

Jusqu'à la Révolution et depuis la révocation de l'édit de Nantes, qui supprima, en 1685, les libertés religieuses accordées par Henri IV aux protestants, la religion catholique a été la religion d'Etat et tous les cultes dissidents ont été traités avec la dernière rigueur.

L'enseignement primaire a été rendu obligatoire sur la fin du règne de Louis XIV. On a voulu conclure de là que le pouvoir royal se préoccupait de la propagation des lumières dans les campagnes. Il suffit de lire la déclaration royale du 13 décembre 1698 pour pénétrer les intentions du roi : « Enjoignons, dit-il, à tous pères, mères, tuteurs et autres personnes qui sont chargées de l'éducation des enfants, *et nommément de ceux dont les pères et mères ont fait profession de la religion prétendue réformée*, de les envoyer aux dites écoles et au *catéchisme* jusqu'à l'âge de quatorze ans. »

Une déclaration de 1724 confirmant les prescriptions de la déclaration de 1698 ordonne aux procureurs fiscaux de se faire remettre tous les trois mois la liste de tous les enfants qui n'iraient pas aux écoles, afin de poursuivre les parents ou tuteurs chargés de leur éducation. Mais ces prescriptions n'étaient observées que *dans les provinces où il restait encore des protestants*.

Or, nous avons déjà dit que les maîtres d'école étaient tous catholiques; ils relevaient directement de l'évêque; les écoles se tenaient souvent au presbytère même.

Le 13 octobre 1687, l'évêque de Montpellier publie des règlements adressés aux maîtres et maîtresses d'école de son diocèse. « Ces règlements, qui s'occupent de tous les points de la pédagogie, de la tenue des classes et de la discipline, sont suivis d'une lettre du roi qui félicite l'évêque de son zèle *pour l'instruction des nouveaux convertis*. Il l'engage même à préposer un ecclésiastique pour visiter les maîtres d'école, examiner s'ils s'acquittent bien de leurs devoirs et les aider de ses conseils. Au bas se trouve une ordonnance qui menace d'amende de 6 livres et et de 30 livres les pères et les mères qui n'enverraient pas leurs enfants à l'école.

« BABEAU, *Le Village sous l'ancien Régime.* »

Si les protestants fidèles au culte de leurs pères ne voulaient pas laisser donner à leurs enfants un enseignement contraire à la doctrine de la famille, voici comment on les traitait : le ministre Saint-Florentin écrit en 1760 : « Sur l'avis que j'ai reçu que le sieur de Campan, gentilhomme du Languedoc, faisait élever ses enfants dans la religion prétendue réformée, j'ai pris les ordres du roi pour faire mettre ses deux filles aînées, âgées alors, l'une de onze ans et l'autre de dix ans, dans le couvent des Ursulines de Toulouse. »

En 1762, le Parlement de Toulouse condamne à mort un ministre protestant, de la Rochette, reconnu coupable d'avoir enseigné la doctrine de la religion réformée.

Pour le même fait, les protestants étaient envoyés souvent aux galères, et le galérien du XIXe siècle est un bourgeois si on le compare au galérien du XVIIIe siècle.

Les navires de l'Etat, appelés *galères*, étaient manœuvrés à l'aide de longues et lourdes rames plus encore que par la voile qui était restée à l'état rudimentaire. Ces rames étaient mues par les galériens enchaînés par files de 4, 6, 8 ou 10 sur des bancs qu'ils ne quittaient pas jusqu'à la fin de leur peine. Ils mangeaient, digéraient, dormaient et mouraient sur place. Les paquets de mer les inondaient par les sabords et les hublots. En temps de guerre, les boulets et la mitraille les labouraient ; on achevait les blessés et on les jetait à la mer.

Dans les naufrages, on ne se préoccupait pas de leur sauvetage et ils étaient abandonnés aux horreurs d'une mort inévitable.

En 1778, des villages protestants du Midi furent ensanglantés par les dragons du roi comme aux plus terribles jours de la révocation de l'édit de Nantes. « Moins de dix ans avant 1789, si un protestant converti par la violence refusait les sacrements à l'article de la mort, on faisait le procès à son cadavre et on confisquait ses biens ; s'il réchappait, il était banni. Quiconque l'avait exhorté à son lit de souffrance allait aux galères *à perpétuité. La déclaration d'un curé suffisait pour convaincre.*

« Boiteau, *Etat de la France en 1789.* »

Les protestants étaient traqués comme des bêtes fauves.

« En 1717, une Assemblée de 74 personnes ayant été surprise à Andure, les hommes furent envoyés aux galères et les femmes emprisonnées pour la vie.

« Boiteau. »

En 1780, l'Assemblée générale du clergé déclarait que « l'autel et le trône seraient également en danger si l'hérésie parvenait jamais à rompre ses fers. »

D'ailleurs les rois de France étaient engagés par serment à soutenir de tout leur pouvoir l'Eglise catholique dont ils se reconnaissaient les serviteurs armés. La cérémonie du sacre, inaugurée par Saint-Rémi, sur Clovis, à Reims, s'est maintenue jusqu'à Charles X.

A l'inauguration de son règne, le roi, proclamé très catholique sur les écus de 6 livres, se rendait en grande pompe à la cathédrale de Reims où l'évêque lui frottait le front avec l'huile appelée Saint-Chrême. Ce liquide avait été porté directement du paradis à Saint-Rémi par une colombe blanche. Avant d'être oint, le roi prononçait les paroles suivantes : « Je jure de m'appliquer sincèrement et de tout mon pouvoir à EXTERMINER de toutes les terres soumises à ma domination les hérétiques nommément condamnés par l'Eglise. »

Les protestants n'avaient pas d'état civil. Dans les paroisses, les curés tenaient les registres où s'inscrivaient les naissances, les mariages et les décès et les protestants n'y avaient naturellement aucune part.

Il leur était interdit d'occuper des charges de judicature ou des offices municipaux.

Les juifs vivaient dans l'abjection. Leur séjour dans le royaume était toléré à la condition de payer un impôt personnel et spécial. Il étaient tenus de porter la barbe, le rabat blanc, le manteau noir. A Metz, ils ne pouvaient habiter hors du quartier Saint-Perron ; il en était de même dans la plupart des grandes villes où on les parquait à l'écart comme des galeux ; ils avaient partout leur Ghetto et leur Giudecca comme à Rome et à Venise.

Mais rien ne pourrait donner une idée plus saisissante de l'atroce rigueur du clergé catholique du XVIIIe siècle, que les histoires des La Barre, des Calas et des Sirven auxquelles l'intervention de Voltaire a donné un si grand retentissement.

Toulouse était la ville de France où le fanatisme catholique sévissait avec la plus ardente frénésie. « Là, avait lieu, tous les ans, une horrible procession de pénitents blancs en mémoire d'un massacre de quatre mille huguenots, exécutés dans cette ville dix ans avant la Saint-Barthélemy, en 1562 ; l'année 1762 se trouvait être l'année séculaire et l'on parlait de la célébrer par des fêtes solennelles que nous avons vues se renouveler en 1862... Pour préparer plus dignement cette fête, le Parlement de Toulouse commença par condamner à la corde un ministre protestant, dont tout le crime était d'avoir fait au désert quelques baptêmes et quelques mariages. Mais cet acte barbare n'était qu'un prélude; le 9 mars, le même Parlement fait expirer sur la roue un protestant nommé Jean Calas, négociant honorable, accusé par les pénitents blancs d'avoir, dans sa soixante-neuvième année, étranglé un fils de 28 ans, parce que ce fils, disait-on, était à la veille de se convertir à la religion catholique.

« Eugène Noël, *Vie de Voltaire.* »

Or, on le reconnut peu de temps après, ce jeune homme s'était suicidé en se pendant à une poutre du magasin de son père.

Il avait un caractère sombre et inquiet. Il ne voulait pas faire le négoce, il ne pouvait pas, sans embrasser le catholicisme, obtenir le titre d'avocat après avoir fait ses études de droit; cela le rendait malheureux.

Un jour, ayant perdu son argent au jeu, il prend la funeste résolution de mettre fin à ses jours, et il exécute ce projet pendant le souper de la famille.

Les catholiques de Toulouse avaient l'imagination surexcitée par les préparatifs du fameux centenaire. La confrérie des pénitents blancs répand le bruit que Jean Calas a tué son fils pour l'empêcher de se faire catholique.

On arrête la famille Calas. Le capitoul de Toulouse David de Beaudrigue, qui veut se distinguer par son zèle, fait une procédure contre toutes les règles.

Le jugement a lieu. Il n'existe aucune preuve, aucun

témoin. On apprend que le jeune homme avait communiqué à un de ses amis l'intention qu'il avait de se suicider ; il paraissait absurde d'ailleurs qu'un père de soixante-neuf ans eût pu pendre ou étrangler un fils de vingt-neuf ans.

Mais le fanatisme est aveugle. La populace, excitée par les pénitents blancs et par les moines, voulait, cette année, du sang de huguenot ; elle réclamait la mort de Calas.

Sur treize juges du Parlement de Toulouse, l'un, n'ayant pas le courage de son opinion et n'osant pas résister au cri de sa conscience, se récuse. Sur les douze qui restaient, sept se prononcèrent pour la mort. Jean Calas fut roué, ses biens furent confisqués au profit du roi ; le fils qui lui restait fut mis dans un couvent des Dominicains, et sa vieille femme, condamnée à l'isolement et à la misère, fut recueillie par Voltaire ; elle mourut de désespoir à Ferney.

Peu de temps après la campagne de Voltaire, le jugement du Parlement de Toulouse était révisé, l'innocence de Calas était reconnue et la mémoire des juges qui l'avaient condamné était vouée à l'infamie.

Trois ans plus tard, en 1765, le même Parlement de Toulouse, inassouvi par le supplice de Jean Calas, voulut faire subir un sort pareil à un autre protestant de Castres. Cette fois, Voltaire put prévenir le bourreau et sauver la victime.

Un protestant de Castres, Sirven, avait trois filles. La plus jeune lui est enlevée ; on l'enferme dans un couvent de catholiques. On veut la convertir, elle résiste ; on la fouette pour déterminer la conviction ; l'enfant s'échappe et, rendue folle par les traitements que lui avaient fait subir les religieuses catholiques, elle va se jeter dans un puits.

La moinicaille enragée se rabat sur la famille. Le père est accusé d'avoir jeté sa fille dans le puits. Le malheureux, instruit par le sort de Calas, prend la fuite avec sa femme et les deux filles qui lui restaient. Il se réfugie à Ferney auprès de Voltaire.

Le Parlement de Toulouse le condamne, par contumace, au dernier supplice et ses biens sont confisqués.

Voltaire signale ce nouvel acte de fureur fanatique au monde civilisé. L'impératrice de Russie, le roi de Pologne, le roi de Prusse, le roi de Danemark, le gouvernement de Berne, le landgrave de Hesse, la duchesse de Saxe-Gotha, la princesse de Nassau-Saarbruck, etc., etc., s'intéressent aux malheureux Sirven et leur envoient leurs offrandes.

L'ignoble personnage qui était alors roi de France ne peut résister à une pareille manifestation. Il secoue un instant sa torpeur d'éreinté et ordonne une nouvelle information du procès. L'innocence de Sirven est reconnue et le Parlement de Toulouse reste convaincu, une seconde fois, d'infamie, à trois années de distance.

A quelques jours d'intervalle, la sénéchaussée d'Abbeville et le Parlement de Paris, jaloux du Parlement de Toulouse, s'illustraient par un jugement d'une atroce barbarie.

Nous empruntons le récit suivant à la *Vie de Voltaire*, de M. Eugène Noël :

« Cinq jeunes gens d'Abbeville coupables d'avoir, par un temps de pluie, gardé le chapeau sur la tête à cinquante pas d'une procession de capucins qui traversait la campagne, coupables d'avoir chanté de mauvaises chansons et lu de mauvais livres, accusés, mais faussement, d'avoir renversé un crucifix de bois sur le port d'Abbeville, sont condamnés par un juge imbécile et barbare, à la torture, au supplice de la langue arrachée, et à être jetés dans les flammes. Le plus âgé d'entre eux, le chevalier de la Barre, avait dix-neuf ans; le plus jeune quatorze. Ils appartenaient aux premières familles du pays. La Barre était le fils d'un lieutenant général des armées et allié à la famille d'Ormesson. Une basse jalousie d'amour et le fanatisme idiot d'un évêque d'Amiens, voilà ce qui avait causé leur perte. Deux d'entre eux seulement furent arrêtés, le plus âgé et le plus jeune, les autres se sauvèrent et furent condamnés par contumace. Le chevalier de La Barre, condamné au dernier supplice, se pourvut au Parlement de Paris contre la sentence de la sénéchaussée d'Abbeville, mais le Parlement de Paris, frappé de cet aveuglement cruel qui annonce la fin des institutions, confirme la sentence à la majorité de deux voix.

Le jeune de La Barre mourut courageusement.

« Tes armes sont-elles bonnes, dit-il au bourreau. Est-ce toi qui a tranché la tête au comte de Lally ?

« — Oui.

« — Tu l'as manqué ! ne crains rien, je me tiendrai bien et je ne ferai pas l'enfant. »

Il se banda lui-même les yeux et reçut le coup fatal. Son corps fut précipité dans le bûcher.

Les histoires lamentables des Calas, des Sirven et des de La Barre sont connues, parce que Voltaire leur a donné un retentissement universel; mais que d'atrocités de ce genre ont du échapper à la connaissance des hommes, à une époque où les moyens de publicité étaient si restreints et la compression si grande !

La société civile a changé, mais le monde clérical est resté fidèle à ses principes. C'est le même fanatisme sombre et aveugle, la même rage de compression à outrance. Ils n'ont rien appris et ne veulent rien apprendre ; ils réclament encore le droit de mettre les hérétiques sur la roue ou dans les bûchers ardents. Si les moines ne craignaient pas que les cailloux se lèvent tout seuls de la chaussée, on reverrait dans les rues de Toulouse les processions de gens à cagoules et à capuches, célébrer en grande pompe les anniversaires des massacres de huguenots.

A ceux qui prétendent que l'Eglise a adouci et modernisé ses doctrines, nous rappellerons les propres termes des *Encycliques* adressées par le pape Pie IX, en 1846 et 1864, à tous ses vénérables frères, les patriarches, les primats, les archevêques et les évêques en grâce et en communion avec le siège apostolique.

Pie IX réclame pour l'Eglise catholique le droit *d'user de la force* pour le maintien de la foi. Anathème à ceux qui ne craignent pas d'affirmer que le meilleur gouvernement est celui où l'on ne reconnaît pas au pouvoir *l'obligation* de réprimer, par la *sanction des peines*, les violations de la religion catholique. (Page 5, édition Adrien le Clerc).

Il affirme encore cette prétention monstrueuse à la page 9 : Anathème à ceux qui prétendent que l'Eglise n'a pas le droit de réprimer par des peines *temporelles* les violateurs de ses lois.

Les peines temporelles sont la torture, le fer rouge, le bûcher, les autodafés.

Même affirmation dans une lettre apostolique du 22 août 1851.

N'êtes-vous pas encore rassasié de sang, sinistre héritier de Saint-Pierre ?

La Justice

Nous n'avons ni l'intention, ni le pouvoir de faire un livre savant. Ceci est un travail de propagande, un recueil de notes destiné à ceux qui n'ont ni le temps ni les moyens de lire les travaux d'érudition. Nous nous adressons à l'ouvrier et au paysan.

Ce paysan, qui supportait le poids écrasant de tout l'État, qui entretenait le luxe insolent du roi, des princes, des grands seigneurs, des évêques et des abbés, ne pouvait pas compter sur la protection de la justice quand il subissait des outrages ou des violences, quand il se voyait dépouillé du peu que les impôts lui laissaient.

La juridiction était d'une complication si invraisemblable, que les érudits n'ont pas encore réussi à faire la lumière complète dans ce chaos.

La législation variait de province à province, de ville à ville, de commune à commune.

Dans ce chaos inextricable, il était plus facile aux juges de prévariquer.

Impossible au paysan pauvre de plaider. Les frais de procédure étaient énormes. La justice d'aujourd'hui est à bon marché, en comparaison.

Pour avoir une audience d'un juge, il fallait *graisser le marteau*.

Beaumarchais, le père de *Figaro*, avait un procès d'où dépendait une grosse partie de sa fortune. Il veut parler au juge rapporteur, un M. Goëzman. Il lui en coûte 2,000 fr., donnés à Mme de Goëzman, pour une audience de quelques minutes.

La rapacité des Dandin de ce temps-là n'était comparable qu'à celle de leurs femmes.

> La pauvre Babonnette ! Hélas ! lorsque j'y pense.
> Elle ne manquait pas une seule audience.
> Jamais, au grand jamais, elle ne me quitta,
> Et Dieu sait bien souvent ce qu'elle en rapporta.
> Elle eut du buvetier emporté les serviettes,
> Plutôt que de rentrer au logis les mains nettes.
> Et voilà comment on fait les bonnes maisons.
>
> <div align="right">RACINE, <i>Les Plaideurs</i>, act. I, sc. IV.</div>

Il fallait rentrer dans les frais de sa charge. On achetait une charge de juge comme on achète aujourd'hui un notariat, une charge d'huissier ou d'avoué.

Un fils de juge, quoique parfait imbécile, succédait à son père par droit d'héritage.

Au XVIIe siècle, une charge de conseiller au Parlement de Paris valait 355,000 livres ; une charge de président à mortier, 1,755,000 livres ; une charge d'avocat général, 1,242,000 livres ; une charge de lieutenant civil du Châtelet, 1,420,000 livres.

En 1784, le ministre Necker évaluait à 500 millions le capital des charges de la magistrature et des officiers de la Cour de Paris.

Les magistrats n'avaient pas un traitement fixe comme de nos jours.

Sous le nom d'épices, le greffier percevait des taxes énormes imposées au plaideurs, sans contrôle possible et sans autre mesure que l'avidité des juges.

On connaît la fable de l'*Huître et les Plaideurs* qui se partagent l'écaille.

Quand le juge Bridoye, de rabelaisienne mémoire, a bien vu, revu, lu, relu, paperassé et feuilleté les complaintes, ajournements, comparitions, commissions, informations, avant-procédés, productions, allégations, contredits, requêtes, enquêtes, répliques, dupliques, tripliques, écriture, reproches, griefs, recolements, confrontations, compulsoires, déclinatoires, anticipatoires, évocations, envois, renvois, conclusions, exploits et autres épiceries de cette espèce, le procès est mûr et les plaideurs sont sur la paille.

Les juridictions s'enchevêtraient à l'infini. Il y avait la juridiction du roi, les juridictions municipales, les juridictions seigneuriales, les juridictions épiscopales, les juridictions des intendants, les juridictions exceptionnelles pour les eaux et forêts; pour la gabelle (impôt sur le sel), pour les aides (contributions indirectes), pour la librairie, pour le commerce et les artisans, pour les églises, pour les universités.

La justice de conciliation, les juges de paix n'existaient pas.

Impossible de régler, sans faire de grands frais, la plus petite contestation.

Au point de vue pénal, les châtiments n'étaient pas les mêmes pour tous les coupables. Ils variaient avec la qualité du personnage.

Pour un même fait un paysan était pendu et un gentilhomme était exilé *dans ses terres.*

Les membres du clergé, jugés par leur compères dans des tribunaux d'exception, jouissaient de la plus complète impunité. On ne voyait jamais de ces jugements scandaleux, si fréquents de nos jours, où frères et curés étalent les saletés du célibat religieux. Mais malheur au Jean Valjean qui dérobait un pain ou une gerbe de blé pour nourrir sa femme et ses enfants.

La Fontaine nous le dit bien dans les *Animaux malades de la peste.*

Voici le lion qui a commis des méfaits sans nombre :

il a semé la désolation dans les vallées pour satisfaire ses *appétits gloutons*. Il fait son *mea culpa* en frappant sur son vaste estomac, ce gouffre profond où se digère le dernier berger dévoré; la digestion est difficile, il est plein et contrit, il soupire et il se soulage.

> Sire, dit le renard, vous êtes trop bon roi ;
> Vos scrupules font voir trop de délicatesse.
> Eh bien ! manger moutons, canaille, sotte espèce,
> Est-ce un péché ? Non, non. Vous leur fîtes, seigneur,
> En les croquant, beaucoup d'honneur.

Voici le tour de l'âne :

> ..... « Il a souvenance
> « Qu'en un pré de moines passant,
> « Il a tondu de ce pré la largeur de sa langue. »

Des moines ! c'est peu intéressant. Il a pris à peine une goulée pour calmer une faim pressante. Quelles circonstances atténuantes !

Mais le coupable n'est qu'un âne dont la parole est lourde et le sabot impuissant.

Et tous de crier haro sur le baudet.

> Ce pelé, ce galeux d'où venait tout le mal.
> Sa peccadille fut jugée un cas pendable.
> ..... *Selon que vous serez puissant ou misérable,*
> *Les jugements de cour vous rendront blanc ou noir.*

Dans un livre de l'abbé Coyer, intitulé *Dissertation sur la nature du peuple,* et publié vers la fin du XVIIIe siècle, on lit : « Nous refusons la raison au peuple et nos lois le punissent; les prisons, les tortures, les gibets, les roues sont à son image; on ne condamne pas pourtant à mort le taureau qui a éventré le bouvier. Je dis plus : à juger de la raison par les punitions, il faut que le peuple soit plus raisonnable que les honnêtes gens. Un malheureux dont les enfants n'ont pas de pain fait un petit commerce prohibé, il est pris et durement puni. Un gentilhomme, dans sa chaise de poste, se trouve garni de la même marchandise, il tue le commis et se tire d'affaire. Deux hommes du peuple se battent : l'un tue l'autre, le meurtrier est pendu. Deux gentilhommes ont un duel : l'un reste sur le champ de bataille, l'autre continue à s'avancer dans le service. » L'abbé Coyer ajoutait : « Le peuple est composé d'hommes, mais il est à propos qu'il l'ignore toujours. »

Il l'apprit en 1792.

Ce que l'on doit à la 3ᵉ République

Le régime de la liberté est si fécond, qu'il a enfanté des prodiges, malgré l'instabilité des ministères.

Il est aisé de s'en convaincre par les chiffres suivants :

Depuis 1876, la 3ᵉ République a construit 18,924 écoles.

On a réparé ou agrandi 7,210 écoles.

On a acheté ou réparé le mobilier de 10,989 écoles.

On a dépensé pour cet objet depuis 1878, la somme de 773 millions.

Le budget de l'instruction publique était :

En 1815, de   900,000 francs,
En 1830, de   5,000,000 de francs,
En 1848, de 16,000,000 de francs,
En 1869, de 43,000,000 de francs,
En 1888, de 135,000,000 de francs.

Résultats : Le nombre des conscrits illettrés était de 67 pour cent en 1869.

Il n'est que de 11 pour cent en 1888.

Au 31 décembre 1870, après la cession du réseau d'Alsace-Lorraine, nous avions 17,000 kilomètres de chemins de fer. Nous en avons plus de 36,000 au 31 décembre 1888 ; augmentation : 19,000 kilomètres.

Les chemins de fer datent de 1836. La 3e République a fait beaucoup plus que les gouvernements de Louis-Philippe et de Napoléon III réunis.

Le nombre des voyageurs était de 3 milliards 1/2 en 1869 ; il dépasse aujourd'hui 7 milliards.

On a transporté 6 milliards de tonnes en 1869, et 11 milliards 1/2 en 1888.

Le prix de la tonne kilométrique était de 30 centimes en 1860 ; il est de 6 centimes en 1877.

La 3e République a construit 427 kilomètres de grandes routes et 147,000 kilomètres de chemins vicinaux.

Le réseau des voies navigables ayant 2 mètres de mouillage au minimum, était de 1,459 kilomètres en 1877. Il est, en 1887, de 3,566 kilomètres.

Augmentation : 2,107 kilomètres.

On a transporté par eau 1,953 millions de tonnes en 1877 et 3,073 millions en 1887.

Augmentation en dix ans : 1,120 millions de tonnes.

96 ports ont été agrandis ou améliorés depuis 1876.

Résultats : Le mouvement maritime de nos ports était de 18,200,000 tonnes en 1876.

Il atteignait le chiffre de 22,200,000 tonnes en 1882.

Postes et télégraphes ; Activité nationale. — Depuis 1877, année de la prise de possession de la République par les républicains, on a créé 5,941 bureaux de poste et de télégraphe.

La longueur des lignes télégraphiques a été portée de 57,090 kilomètres à 96,482 kilomètres. La longueur des fils, qui était de 150,485 kilomètres en 1877, est de 292,429 kilomètres en 1888.

Le nombre des boîtes aux lettres s'est accru de 8,273 et le nombre des facteurs de 8,150.

La circulation des lettres et journaux est montée de 865 millions à 1,522 millions.

Le nombre des télégrammes est monté de 9,967,970 à 32,195,400.

Les envois d'argent étaient de 259 millions en 1877; ils sont de 745 millions en 1888.

Dépenses de guerre. — Après avoir payé 5 milliards d'indemnité à l'Allemagne et 3,129 millions pour frais de guerre, la 3ᵉ République a reconstitué les forteresses et remplacé par une frontière artificielle la frontière naturelle perdue par les crimes de l'empire. Elle a reconstitué l'armement de l'artillerie, de la cavalerie et de l'infanterie; elle a accumulé les approvisionnements dans les magasins; elle a renouvelé et augmenté le matériel de la marine; elle a consacré à cette œuvre patriotique 3 milliards 192 millions.

Que peuvent contre ces chiffres les déclamations et les mensonges de toute la réaction?

Que les électeurs se rappellent dans quel état la guerre de 1870 a trouvé la France.

Que l'on se rappelle l'usage fait par l'empire des millions pris sur le pays. Qu'étaient devenus les 400 millions annuels donnés pour l'armée et les 440 millions destinés à la transformation de l'armement?

Les forteresses et les plates-formes étaient dépourvues de canons et de munitions, les magasins étaient vides d'approvisionnements.

Faut-il rappeler les dépêches lamentables des chefs de corps réclamant des munitions, des vivres, des objets d'équipement, trouvant les magasins dépourvus même dans les places de la frontière ?

Les millions employés par la 3ᵉ République constituent un capital national qui rapporte déjà ses fruits et qui en rapporteront de bien plus considérables lorsque les généraux factieux et les débris des régimes déchus cesseront de tourmenter notre malheureuse France.

Ah ! les réactionnaires accusent la République d'avoir dilapidé les finances de la patrie ! Ils en ont menti.

Les chiffres sont là avec toutes leurs brutalités.

La République s'est trouvée, en 1871, en face d'une dette de 20 milliards. Qui l'avait contractée ?

C'était le résultat des désastres du Iᵉʳ Empire, la note de Leipzig et de Waterloo, des campagnes de Crimée, d'Italie et du Mexique. Une partie de ces 20 milliards se retrouverait dans les maisons des anciens émigrés, rentrés en France avec un appétit formidable, en 1815; dans les coffres-forts des d'Orléans, dont le grand-père ruiné donnait des leçons de mathématiques en Suisse pendant la Révolution ; ils ont aujourd'hui 1 milliard de fortune ; on les retrouverait chez les Bonaparte qui se sont refaits avec l'argent destiné à l'achat des canons pour les forts de Strasbourg.

De quelle pâte sont faits ces gens-là pour oser accuser les républicains de dilapidations ?

Voyez-vous Mandrin donnant des leçons d'honnêteté !

Il faut que le peuple soit encore bien bête ou bien patient !

Donc, par le fait de la monarchie et de l'empire, la

République a dû se charger d'une dette de 20 milliards qui lui coûte, chaque année, 748 millions d'intérêt.

Faut-il rendre la République responsable des 12 milliards environ que la guerre de 1870 a coûté, y compris l'indemnité et les frais de guerre et les dépenses nécessitées par la reconstitution de l'armement?

Considérez encore que les revenus de la France ont été considérablement diminués par la perte de riches pays, comme l'Alsace et la Lorraine, dont les contributions passent à Berlin.

Quant aux dépenses faites par la République, nous avons dit, avec chiffres à l'appui, quels en étaient les résultats.

Jamais la France n'a eu une pareille vitalité. Voici encore une preuve à ajouter à celles que nous avons données (pages 73 et 74):

En 1869 la France consommait 21 millions de tonnes de charbon, qu'on a appelé si justement le pain de l'industrie. En 1882 elle en a consommé 31 millions, soit une augmentation de 47 %. Les réactionnaires soutiendront encore que l'industrie et le commerce ne marchent pas.

Autre preuve : La valeur des successions était en 1869 de 3 milliards 636 millions ; elle a été de 5 milliards 242 millions en 1883, soit 2 milliards de plus, et toujours malgré la perte de l'Alsace-Lorraine.

Faut-il en conclure que la France s'appauvrit?

Autre preuvre : De 1869 à 1882, la consommation des denrées de luxe a augmenté dans des proportions énormes: 36 % sur le café, 39 % sur le sucre, 43 % sur le tabac, 57 % sur le chocolat, malgré la perte des Alsaciens-Lorrains.

Faut-il en conclure que la France s'est appauvrie?

Décidément si les hobereaux de la réaction sont

canailles, ceux qui les écoutent et les croient sont bien idiots et ne méritent guère de rester citoyens d'un grand pays. C'est de la graine de valets.

LE MOT DE LA FIN

Paysan, laboureur, artisan, compare la situation de tes pères à la tienne.

Tes anciens travaillaient comme des mulets pour entretenir le luxe et les vices de leurs maîtres de la Cour ou du clergé, et ils n'avaient pas toujours le nécessaire pour nourrir la femme et les enfants.

Tâche de te figurer le village d'avant 1789 et compare-le au village d'aujourd'hui.

Tes anciens n'avaient aucun droit politique.

Ils étaient sujets.

Tu es citoyen.

Tu n'as plus à redouter ni le curé, ni l'abbé, ni l'évêque, ni le prieur, ni le seigneur, ni le soldat, ni le gabelou, ni l'intendant, ni le délégué, ni le sous-délégué.

Tu n'as qu'un maître : la *Loi*, et c'est toi qui fais la *Loi* par l'entremise des hommes que tu nommes sénateurs ou députés.

Si tu choisis mal tes hommes, c'est ta faute.

Mais tu peux changer tes mandataires quand ils ne font pas leur devoir.

Si tu ne transmets pas à tes enfants le dépôt sacré des libertés publiques que tu tiens de tes ancêtres, tu es un misérable gueux moins digne de pitié que la bête que tu égorges à la *Fête des Rois*.

TABLE DES MATIÈRES

Aux Paysans et aux Ouvriers de France. 3
Comment on vivait dans les Campagnes avant 1789. 4
Histoire dramatique du sergent Lèbre, tirée de l'*Histoire des Paysans*, de Bonnemère. 19
Le Laboureur de Saurat. 22
Souffrances des Villes. 25
Dépenses du Clergé et du Roi 27
Dépenses de la Cour. 28
Comment les Seigneurs traitaient les Paysans. 33
Les Impôts. 35
Corvées. 45
Les Mainmortables. 47
Les Droits féodaux. 49
Honneurs mineurs. 53
L'Ecole et l'Instituteur. 54
Excès de l'Autorité religieuse 58
La Justice 68
Ce que l'on doit à la 3ᵉ République. 72
Le Mot de la fin 77

Toulouse. — Imp. Berthoumieu, rue du Conservatoire, 6.

www.ingramcontent.com/pod-product-compliance
Lightning Source LLC
LaVergne TN
LVHW020947090426
835512LV00009B/1740